国家自然基金项目（71561007）资助

货币政策传导系统复杂性及演化研究：仿真与中国数据的实证

王祥兵　著

中国财经出版传媒集团
中国财政经济出版社

图书在版编目（CIP）数据

货币政策传导系统复杂性及演化研究：仿真与中国数据的实证／王祥兵著．－－北京：中国财政经济出版社，2020.3

ISBN 978－7－5095－9654－8

Ⅰ.①货… Ⅱ.①王… Ⅲ.①货币政策－研究－中国 Ⅳ.①F822.0

中国版本图书馆 CIP 数据核字（2020）第 032144 号

责任编辑：彭　波　　　　责任印制：史大鹏
封面设计：卜建辰　　　　责任校对：张　凡

中国财政经济出版社 出版

URL: http://www.cfeph.cn
E-mail: cfeph@cfeph.cn

（版权所有　翻印必究）

社址：北京市海淀区阜成路甲 28 号　邮政编码：100142
营销中心电话：010-88191522
天猫网店：中国财政经济出版社旗舰店
网址：https://zgczjjcbs.tmall.com
北京财经印刷厂印刷　各地新华书店经销
成品尺寸：170mm×240mm　16 开　13.5 印张　200 000 字
2020 年 3 月第 1 版　2020 年 3 月北京第 1 次印刷
定价：68.00 元
ISBN 978－7－5095－9654－8
（图书出现印装问题，本社负责调换，电话：010-88190548）
本社质量投诉电话：010-88190744
打击盗版举报热线：010-88191661　QQ：2242791300

前　　言

货币政策传导由于既涉及宏观经济政策与微观经济运行，又直接关系货币政策如何对实体经济产生作用，因而是一个国家经济运行与金融调控中最复杂、最现实的问题。而现有的货币政策传导理论由于缺乏对货币政策传导系统整体的关注而无法对经济金融发展中提出复杂而深刻的问题进行研究和解答。基于此，本书把由货币政策工具启动到货币政策目标实现的经济运行过程定义为货币政策传导系统，并以系统管理思想和方法为主要研究工具对货币政策传导系统动态演化本质、过程及其机制进行了研究，并形成了一些更加实际、丰富、新颖的观点。

本书主要研究工作如下：

第一，详细地论证货币政策传导系统的复杂性表现形式，揭示货币政策传导系统中存在的混沌现象，用混沌方法对货币政策改变过程建立了动力学模型、用蝴蝶效应对货币的乘数效应、金融危机等现象提出系统理论的阐释，论述了混沌控制、内在随机性、蝴蝶效应在货币政策传导系统中的机制、价值和政策含义。本部分的理论和实证分析表明，货币政策传导系统由于具有开放性、非线性、演化性、涌现性、不确定性等致使其具有深刻复杂性和混沌特性。第二，用精细的分形理论对货币政策传导系统的组织结构、制度结构、功能结构、运行结构等方面进行细致的考察和研究，并利用中国货币政策传导的基础数据对货币政策的弹性分维进行实证分析。本部分理论和实证分析表明，货币政策传导系统是一个典型的分形体，分形是货币政策传导系统具体存在形式，并且具有组织结构分形、制度结构分形、功能分形、运行（过程）分形等分形特征。第三，货币政策传导系统的动态演化机制与耗散结构具有同态性。本书将耗散结构理论中低浓度三分子模型引入货币政策传导系统演化机理研究，利用唯象方法建立货币政策传导系统演化的动力学模型，并基于模型对系统的非平衡演化进行分析，从而得出系统形成耗散结构的判据。建立货币政策传导系统基于突变理论的脆性综合评价模型，利用中国货币政策传导的基础数据对货币政策传导系统演化模型的理论结论进行验证。本部分理论和实证分析表明，货币政策传导系统是远离平衡态的开放性、非线性的复杂系统，在外部涨落催化下引致系统内部不断熵变，进而使系统产生非平衡跃迁演化。而模拟模型和演化路径的分析说明，通过合理政策组合与搭配，货币政策传导系统可以形成使经济平稳、高速发展的耗散结构模式。第四，本书将协同理论引入货币政策传导系统演化机制的研究，对货币政策传导系统的演化机理进行协同分析，在此基础上建立其协同演化模型，并用中国货币政策传导的基础数据进行实证分析以及对其政策含义进行讨论。本部分的理论和实证分析表明，在货币政策传导系统开放条件下，不断加强系统内外各种政策工具的协同与配合，系统可以通过其协同演化机制产生协同增益效应，有效提高货币政策传导效率，实现宏观经济的平稳、快速发展；中国货币政策传导系统动态演化的序参量是货币通道的代表变量 LM。

  本书主要创新点如下：

  第一，首次对 MF 模型动态化，证明了开放经济系统具有能控性、能达性、能观性等结构特征，并从经济控制论视角证实了综合利用财政与货币政策能够实现对宏观经济的调控。第二，首次引入货币政策传导系统这一概念，为经济开放和金融全球化条件下重新地分析、理解和评价货币政策传导提供了全新的视角以及相应的理论工具。全面深刻地阐述了货币政策传导系统复杂性表现形式及形成复杂性的原因，为深入研究货币政策传导系统复杂性及演化机制奠定了理论基础。分析了将系统理论应用于货币政策传导理论分析的可行性、前景及其意义。第三，分析了货币政策传导系统复杂性的机制、条件、时空结构，以及货币政策传导系统时空结构的产生机制、表现形式、相互关系、对货币政策传导影响等。第四，探讨货币政策传导系统的演化机制、演化过程、演化规律、演化路径、演化本质与动因、演化表现形式、演化的主要影响因素以及演化对货币政策传导影响等。第五，研究了货币政策传导系统稳定性、脆性以及熵的关系，构建综合评价货币政策传导稳定性、脆性的决策模型，并计算出货币政策传导系统熵，为衡量货币政策效果和评价系统风险提供一个科学、便捷的决策工具。第六，理论与实证研究都表明了货币政策传导系统不仅具有复杂的时空结构，而且具有动态非平衡演化机制，货币政策传导系统复杂性导致其不断演化，而系统的动态演化又不断强化系统结构的复杂性。因而在货币政策的决策、制定、传导过程中，不仅要把货币政策传导过程看成线性、随机的系统，更要把其看作非线性的复杂系统，关注货币政策传导动态演化机制，从系统管理视角去加强系统内外各种政策工具协同与配合，改善货币政策传导系统制度结构，提升货币政策传导质量，增强货币政策有效性，进而促进货币政策传导系统不断最优演化。这些研究无疑在理论上和实践中都具有十分重要的意义。

作者

2019 年 12 月

目　　录

第1章　绪论 ………………………………………………………… 1

　　1.1　选题的背景及意义 ………………………………………… 2
　　1.2　研究思路、方法与主要内容 ……………………………… 6

第2章　文献综述 …………………………………………………… 11

　　2.1　货币政策传导研究的评述 ………………………………… 12
　　2.2　混沌与分形理论及应用研究评述 ………………………… 16
　　2.3　耗散结构与协调理论及应用研究评述 …………………… 22
　　2.4　文献评价 …………………………………………………… 27

第3章　理论基础与研究假设 ……………………………………… 29

　　3.1　货币政策的目标与工具 …………………………………… 30
　　3.2　货币政策作用机理 ………………………………………… 39
　　3.3　开放条件下宏观经济系统的可控性 ……………………… 47
　　3.4　货币政策传导的特性与研究假设 ………………………… 63
　　3.5　货币政策传导的经济机制 ………………………………… 67
　　3.6　实证研究 …………………………………………………… 78
　　3.7　本章小结 …………………………………………………… 86

第4章　货币政策传导系统混沌特征研究 ······················· 87

4.1　货币政策传导系统复杂性特征的表现形式 ··············· 88
4.2　混沌理论的分析框架 ······································· 94
4.3　货币政策传导系统的混沌模型 ··························· 95
4.4　货币政策传导系统中的蝴蝶效应 ························ 96
4.5　实证研究 ··· 98
4.6　政策启示和建议 ·· 106
4.7　本章小结 ··· 109

第5章　货币政策传导系统分形特征研究 ······················· 111

5.1　分形理论分析框架 ·· 112
5.2　货币政策传导系统的分形分析 ··························· 113
5.3　货币政策弹性的分形特性及实证研究 ·················· 116
5.4　政策启示和建议 ·· 123
5.5　本章小结 ··· 126

第6章　货币政策传导系统耗散演化研究 ······················· 127

6.1　耗散结构的分析框架 ······································· 128
6.2　货币政策传导系统的耗散结构分析 ····················· 129
6.3　货币政策传导系统的演化规律 ··························· 134
6.4　货币政策传导系统演化的熵流分析与熵判据 ········· 135
6.5　货币政策传导系统动态演化的模拟研究 ··············· 140
6.6　实证研究 ··· 147
6.7　政策启示与建议 ·· 158
6.8　本章小结 ··· 159

第7章 货币政策传导系统协同演化研究 …………………… 161

7.1 协同理论的分析框架 …………………………………… 162
7.2 货币政策传导系统的自组织特征 ……………………… 163
7.3 货币政策传导系统协同演化模型 ……………………… 166
7.4 实证研究 ………………………………………………… 169
7.5 政策启示与建议 ………………………………………… 174
7.6 本章小结 ………………………………………………… 176

第8章 结论与展望 …………………………………………… 177

8.1 结论与政策建议 ………………………………………… 178
8.2 研究展望 ………………………………………………… 185

参考文献 ……………………………………………………… 187

货币政策传导系统复杂性
及演化研究：仿真与
中国数据的实证
Chapter 1

第1章 绪 论

随着经济全球化和金融自由化，现代经济运行过程中的货币金融操作活动和作用范围日益扩大，在这个过程中货币政策逐步演变成各国政府调控经济运行的核心政策体系。而货币政策调控的效率与货币政策传导系统密切相关，因此，货币政策传导研究也就成为经济学和金融学理论研究与实践的重要课题。本章首先简单介绍本书的选题意义和背景；其次给出本书的主要研究思路、方法、结构、主要内容与创新点；最后给出本书的安排以及各章之间的关系图。

1.1 选题的背景及意义

1.1.1 选题背景

货币政策传导机制研究是金融学和经济学中一个重要理论命题，也是系统管理理论研究的一个前沿命题。

货币政策是指中央银行采用各种工具调节货币供求，以实现经济增长、物价稳定、充分就业和国际收支平衡等宏观经济的调控目标的政策体系，是一个国家进行宏观经济的调控手段。货币政策目标确定之后，中央银行运用适当的政策工具调控货币供求，通过经济体系内的各种变量影响到整个社会的经济活动，进而实现既定的货币政策目标。由货币政策工具启动到货币政策目标实现的经济运行过程，就是货币政策传导。货币政策传导问题是货币政策理论中一个重要而基础的问题，货币政策传导研究的目的旨在揭示从开始实施货币政策到其影响宏观经济过程的规律性，并基于其规律提出完善货币政策传导以及增进货币政策有效性的措施。因而货币政策传导机制是一国货币政策当局进行政策工具选择的重要理论依据，理论上从属于经济学与金融学；经济实践中，货币政策的传导连接着货币经济与实体经济，既涉及微观经济运行和宏观经济政策，又直接影响着货币政策对实体经济的效用。因此，货币政策传导机制不仅是金融理论和经济政策理论的核心命题，而且是一个国家调控宏观经济运行中最现实和最复杂的问题。从我国和世界其他各国货币政策实践看，尽管各国货币当局传导系统，从非线性、整体性、涌现性、自组织性等视角去揭示货币政策传导系统的复杂性机制和演化规律。货币政策传导系统复杂性和演化机制研究可以为中央银行制定和执行货币政策提供理论基础以及进行货币政策效果预测、政策决策和设计、金融监管等提供指导作用，也可为衡量货币政策效果提供一个基本框架，使人们能更为精确、全面地衡量货币政策实施效果。

1.1.2 研究意义

货币政策传导系统动态演化机制研究为货币政策传导机制研究提供了一种新思维方式，契合货币政策传导机制研究。这种系统思维模式跳出了单从经济机制层面研究货币政策传导机制的传统局限，站在系统思想的全局和高度，从系统管理的视角去研究和揭示货币政策传导系统动态演化机制，不仅具有较高的学术价值而且有十分重要的实践意义。

1.1.2.1 理论意义

目前关于货币政策传导的文献或是仅局限于对货币政策传导的经济计量分析，或是初步提出，或反映了货币政策传导机制作为一个复杂系统的理念，尚未对货币政策传导系统动态演化的相关理论进行系统研究与分析，缺乏对于其复杂性机制以及动态的非平衡演化机制的分析，所以对货币政策传导系统动态演化机制的研究很必要，也很迫切。因此本书的理论意义主要体现在：

第一，在国内外相关研究现状的基础上，本书利用系统理论、计量经济学理论和系统决策评价理论，提出新的模型或者推广已有的模型并利用中国货币政策传导的基础数据对其进行实证和模拟，可以确定各种影响因素对货币政策传导可能造成的影响，从而加深对货币政策传导系统运行和演化规律的了解；相对于单纯从经济机制层面研究货币政策传导，对货币政策传导系统复杂性和动态演化的相关理论、基本运行规律及其管理进行系统研究具有一定的理论、实践意义和创新性。

第二，通过借鉴系统理论，将复杂系统理念融入货币政策传导系统这针对不同的经济形势按照现有的货币政策传导理论去实施合理的货币政策，但是仍然难以取得预期的经济效果。这说明随着经济全球化，世界经济形势日趋复杂，现有的货币政策传导机制理论日益显示出其不足之处，具有还原性的经典货币政策传导理论受到挑战，它对货币政策传导中"梗塞"效应、各种银行和金融危机以及其他经济金融突发事件等解释的正确性也难以令人信服。所有这些都说明现有的货币政策传导理论无法对经济金融发展中提出复杂而深刻的问题进行研究和解答。这使我们不得不反思现有货币政策传导理论。货币政策传导系统复杂性及演化研究课题正是在这种背景下产生的。

系统理论是以系统为研究对象，从整体角度把系统的各个组成部分联系起来考察系统结构、关系、属性、子系统协同以及系统功能、结构等在系统环境作用下的演化规律的一门基础学科。此系统是指具有某种功能和结构且其组成部分可以互相作用、互相制约、互相关联的有机整体。系统理论的发展不仅引发了自然科学的变革，而且也日益渗透哲学、经济等人文社会科学领域。本书首次将系统思想引入货币政策传导研究，并以系统管理思想和方法为主要研究工具来探讨货币政策传导的复杂性和动态演化机制。为了与系统理论对接，把由货币政策工具启动到货币政策目标实现的经济运行过程定义为货币政策传导系统。有效的货币政策从中央银行开始，在金融市场上通过货币政策传导系统的运行，使中央银行采取单纯的金融行为影响居民和企业的非金融决策，从而实现货币政策目标。货币政策传导系统由于涉及利率、信贷、汇率、资产价格等多种传导渠道和变量而使其结构、环节、机制都十分复杂。货币政策传导系统是货币政策的金融环境、货币政策的目标、货币政策的规则、货币政策的工具、货币政策的传导渠道、货币政策的外部因素冲击的函数，因而是一类典型的复杂经济系统。也由于人的参与使货币政策传导系统显得与众不同，许多问题不能用传统的平衡、线性、静态等方法获得满意解决，需要用与复杂性有关的非线性、非平衡、混沌、分形、突变性、非周期性等系统思想和方法来解决，这为货币政策传导研究提供了一种新的分析方法和视角。本书将在国内外货币政策传导研究现状的基础上，用混沌、分形、突变、耗散结构、熵变、协同、超循环、自组织等系统思想和方法系统地考察货币政策一复杂经济系统中,构建货币政策传导系统各个子系统间相互协同的动态演化分析框架,评价货币政策传导系统脆性,研究阻碍货币政策有效传导深层次的复杂性机制。本书对于深化货币政策传导机制研究、加强货币政策传导监管以及对系统理论的认识都具有重要的理论意义。

第三,在对货币政策传导系统复杂性和动态演化机制定性分析、理论总结的基础上,基于计量经济学,利用系统评价等方法从理论上和实践上解释和论证货币政策传导系统动态演化机制的理论基础,为中央银行制定和执行货币政策提供理论依据,提高货币政策的有效性、科学性、可信性和透明性。

第四,综合运用系统理论、多属性决策等方法对货币政策传导系统的稳定性和脆性分别进行综合评价和比较,力求客观、定量、科学地揭示货币政策传导系统的熵变及其动态演化机制,为货币当局等制定和实施货币政策提供客观、科学的决策依据。

第五,探寻货币政策传导系统动态演化的内涵,可以达到揭示货币政策传导系统动态演化的运行载体——货币政策传导经济机制内涵的目的,把货币政策传导研究置于系统视角之中去拓宽和完善货币政策传导经济机制理论,使人们从系统管理的观点去认识货币政策传导,并把其作为系统整体去把握,以期充分表现货币政策在宏观经济调控中的价值和功能。

第六,对其他经济系统研究的参考意义。货币政策传导系统是经济系统的一个子系统和缩影,通过对货币政策传导系统的研究,对其他经济系统有一定的借鉴和促进作用。

1.1.2.2 实践意义

第一,目前,针对货币政策传导的研究还主要集中在货币政策传导的经济机制层面,考虑到目前中国货币政策传导存在严重阻滞效应,要通过经济机制层面来完全解决目前中国货币政策传导存在严重阻滞效应很难取得预期的效果。因此,本书跳出这个局限,对货币政策传导机制进行系统化研究,对于缓解中国货币政策传导的严重阻滞效应则提供新的逻辑视角。

第二,通过系统论述货币政策传导系统动态演化机制的理论基础,为我国商业银行、政策性银行及其他金融机构内部各层次之间的各种制度制定提供参考，为货币当局的政策制定和实施提供决策依据。

第三，本书所建立货币政策传导系统基于突变理论的脆性综合评价模型，较为准确地反映货币政策传导系统脆性和熵变的实际情况，为货币政策传导系统的风险评价提供了一种既科学合理又简便易行的方法。

第四，通过对货币政策传导系统分析，不仅能提升货币政策传导系统管理的理论水平，也可以从实践上推动货币政策传导系统的管理创新发展，提高货币政策制定者、监管者以及其他系统主体的创新能力，促进系统主体和各个子系统运行的总体协调性，实现货币政策传导系统的高效、稳定运行，提升货币政策传导效率与政策的调控效果。

1.2 研究思路、方法与主要内容

1.2.1 基本研究思路

本书的研究是从系统和整体的思想来开展研究，这也是本书研究的最大创新之处。本书在试图综合国内外学者相关研究的基础上，利用混沌和分形理论从时间结构与空间结构的角度探讨货币政策传导系统结构和存在形式、耗散结构理论探讨货币政策传导系统形成耗散结构的条件、协同理论探讨货币政策传导系统协同演化的动力机制、超循环论探讨货币政策的协同搭配问题、突变理论探讨货币政策传导系统的非平衡相变途径，从而发展一种全新的方法来研究货币政策传导系统。正如，彼得·F. 斯特劳森所言："如果没有新的真理发现，也会有古老的真理被重新发现"。因此，本书正是在创新和发现的理想的驱动下而开始本书的研究。

1.2.2 研究方法

货币政策传导系统动态演化机制研究是一个多学科交叉的研究课题，涉及经济学、金融学、管理学、计量经济学、信息经济学、制度经济学、博弈论、系统理论等多学科知识，在广泛参考国内外有关文献的基础上，以系统管理方法为主要研究方法，采取前沿理论、方法交叉运用与融合的分析方式，对货币政策传导系统动态演化机制作了深入和系统的研究，力求将实际研究和理论研究、定性研究和定量研究、规范研究和实证研究综合运用，构建全新的货币政策传导机制的研究体系，以期达到对货币政策传导系统动态演化问题较佳的研究结果。

(1) 定性分析与定量分析相结合。

利用定性分析，能够对货币政策传导的各种潜在风险进行成因以及性质分析、货币政策传导系统的动态演化规律进行分析。定性分析的结果往往能对货币当局起到警示作用，有助于指导货币当局在防范、化解经济风险过程中采取有效货币政策措施。通过收集的资料和数据，进行计量经济分析，找出货币政策传导梗阻的根本原因，为货币政策传导系统动态演化机制研究提供理论依据。同时通过模型方法，可以对货币政策传导系统动态演化进行定量分析，通过模拟并计算货币政策变动以及外部冲击对货币政策传导动态演化的影响程度，进而揭示各种货币政策组合对实体经济的影响。

(2) 规范分析与实证分析相结合。

在借鉴国内外学者已有的研究方法和结论的基础上，从货币政策传导系统复杂性方面入手，根据中国货币政策传导实际，结合已有系统理论研究结果和计量经济学方法，提出新的模型或者推广已有的模型应用于货币政策传导系统研究中。说明其合理性，并利用中国货币政策传导的基础数据对其进行实证和模拟，得出相应的结论和观点，说明和解释其政策价值和含义。本书大致分为 5 个阶段，在对货币政策传导分析的基础上，提出本书的基本假设：货币政策传导系统是一类典型经济复杂系统，通过构建货币政策传导系统的混沌、分形、协同、耗散结构、低浓度三分子模型，并用经验数据实证或模拟论证本书提出观点，最后进一步探讨货币政策传导系统动态演化及其管理问题。

(3) 理论研究与实际研究相结合。

货币政策传导系统动态演化是一个普遍现象，但由于各国的经济体制不同，因而各国的货币政策传导有其特殊性和内在要求，因而分析时必须将研究实际与理论结合起来，通过理论研究找出其中的共性，同时对中国货币政策传导中出现的特殊性做出相应的解释。

（4）静态研究与动态研究相结合。

货币政策传导系统本身固有的复杂性和非线性决定了货币政策传导系统经常处于远离平衡的波动状态。因而对货币政策传导问题的分析既要考察货币政策传导系统的现状，又要考查其历史和演化趋势。对货币政策传导系统的历史、现在及未来的视角，对货币政策传导系统动态演化的原因进行了深刻剖析，以求为货币当局决策提供较为科学的理论依据和现实证据。

（5）一般研究与特殊研究相结合。

既探讨货币政策传导系统动态演化的一般规律，又结合中国货币政策传导的实际情况讨论。

1.2.3　研究的主要关键技术

本书主要的关键技术如下：第一，利用系统原理，对货币政策传导系统复杂性产生原因、复杂性机制表现形式以及货币政策传导系统复杂性对货币政策传导影响进行分析。第二，利用精细的分形理论对货币政策传导系统的组织结构、制度结构、功能结构、运行结构等方面进行细致的考察和研究，并利用中国货币政策传导的基础数据对货币政策的弹性分维进行实证分析。第三，把耗散结构理论中低浓度三分子模型引入货币政策传导系统演化机理研究，利用唯象方法建立货币政策传导系统演化的动力学模型，并基于模型对货币政策传导系统的非平衡演化进行分析。第四，把协同理论引入货币政策传导系统演化机制的研究，对货币政策传导系统的演化机理进行协同分析。

1.2.4　本书主要内容与创新点

1.2.4.1　本书主要内容

本书以系统理论、计量经济学、货币政策理论为依托，利用系统建模思想，对于货币政策传导系统动态演化问题进行四个方面的研究。

第一，详细地论证货币政策传导系统的复杂性，通过对货币政策改变过程建立动力学模型以及对货币政策的资本市场传导进行实证分析都揭示货币政策传导系统中存在的混沌现象，并用蝴蝶效应对货币的乘数效应、金融危机等现象提出系统理论的阐释，论述了混沌控制、内在随机性、蝴蝶效应在货币政策传导系统中的机制、价值和政策含义。

第二，用精细的分形理论对货币政策传导系统的组织结构、制度结构、功能结构、运行结构等方面进行细致的考察和研究，并利用中国货币政策传导的基础数据对货币政策的弹性分维进行实证分析。分形是货币政策传导系统具体存在形式，把分形理论引入货币政策传导系统的研究，可以有助于我们深入理解货币政策传导系统复杂性机制，提高货币政策传导效率。

第三，货币政策传导系统的动态演化机制与耗散结构具有同态性。本书首先将耗散结构理论中低浓度三分子模型引入货币政策传导系统演化机理研究，利用唯象方法建立货币政策传导系统演化的动力学模型，并基于模型对货币政策传导系统的非平衡演化进行分析，从而得出系统形成耗散结构的判据。其次建立货币政策传导系统基于突变理论的脆性综合评价模型，利用1993～2010年中国货币政策传导的基础数据对货币政策传导系统演化模型的理论结论进行验证。

第四，在货币政策传导系统动态演化机制的研究中引入协同理论，对货币政策传导系统的演化机理进行协同分析，在此基础上建立其哈肯模型，并用中国货币政策传导的基础数据进行实证分析以及对其政策含义进行讨论。

1.2.4.2 本书主要创新点

第一，首次对MF模型动态化，证明了开放经济系统具有能控性、能达性、能观性等结构特征，并从经济控制论视角证实了综合利用财政与货币政策能够实现对宏观经济的调控。

第二，首次引入货币政策传导系统这一概念，为经济开放和金融全球化条件下重新分析、理解和评价货币政策传导提供了全新的视角以及相应的理论工具。全面深刻地阐述了货币政策传导系统复杂性表现形式及形成复杂性的原因，为深入研究货币政策传导系统动态演化机制奠定理论基础。并分析了将系统理论方法应用于货币政策传导理论分析的可行性、前景及其意义。

第三，分析了货币政策传导系统复杂性的机制、条件、时空结构，以及货币政策传导系统时空结构的产生机制、表现形式、相互关系以及对货币政策传导影响等。

第四，探讨货币政策传导系统结构的演化机制、演化过程、演化规律、演化路径、演化本质与动因、演化表现形式、演化的主要影响因素以及演化对货币政策传导影响等。

第五，研究了货币政策传导系统稳定性、脆性以及熵的关系，构建综合评价货币政策传导稳定性、脆性的决策模型，间接得出货币政策传导系统熵，为衡量货币政策效果和评价系统风险提供一个科学、简洁的决策工具。

第六，理论与实证研究都表明了货币政策传导系统不仅具有复杂的时空结构，而且具有动态非平衡演化机制，货币政策传导系统复杂性导致其不断演化，而系统的动态演化又不断强化系统结构的复杂性。因而在货币政策的决策、制定、实施、传导过程中，不仅要把货币政策传导过程看成线性、随机的系统，更要把其看作非线性的复杂系统，关注货币政策传导的复杂性以及动态演化机制，从系统管理视角去加强系统内外各种政策工具协同与配合，可以有效改善货币政策传导系统制度结构，提升货币政策传导质量，增强货币政策有效性，进而促进货币政策传导系统不断向最优演化。这些研究无疑在理论上和实践中都具有十分重要的意义。

货币政策传导系统复杂性
及演化研究：仿真与
中国数据的实证
Chapter 2

第 2 章　文献综述

货币政策传导是经济学和金融学一个重要而古老的课题，但是从系统管理视角来分析和研究它却是一个全新而十分赋有挑战意义的课题。为此，本章首先对货币政策传导相关理论与实证研究的文献进行简单综述和总结；其次对混沌、分形、耗散结构、协同等相关的系统理论及应用研究的文献进行综述和总结；最后分析货币政策传导问题当前研究的不足。

2.1 货币政策传导研究的评述

目前国内外学者利用计量经济学理论和方法对货币政策传导机制、有效性等问题从不同侧面和角度进行了富有成效的研究，也从经济层面对货币政策传导梗阻效应进行剖析，都取得了丰富成果。

2.1.1 货币政策中性研究

现代货币经济学关于货币政策中性问题的假设是依据理性预期理论的：未预期到的名义货币供给量能对实际产出产生影响，而预期到的名义货币供给量却不能对其产生影响[1]。Barro（1978）利用计量经济方法，首次实证支持预期到的货币供给增长对产出不产生影响的观点[2]，即支持预期货币政策中性论。Mishkin（1982）在两项具有重要影响的研究中拒绝了预期的货币供给增长对产出不产生影响观点[3,4]。Mishkin（1982）认为Barro的结论是值得怀疑的，因为Barro的结论与其季度模型滞后阶数的选取有极大的关系，而Barro的季度模型仅选取8阶滞后，模型在滞后阶数设定上是有问题的[3]。Frydman和Rapoport（1987）的研究进一步印证了Mishkin上述观点[5]。由于上述研究拒绝了预期货币政策中性论的观点，那么就表明在其假设下所得出的推论有可能是错误的[6]。黄先开、邓述慧（2000）研究表明在经济转轨时期，预期与非预期的货币供给冲击对产出都有较大的影响，这表明我国的货币政策作用机制与西方市场经济国家有较大的不同，因而我国货币政策具有非中性，货币供给变动能在加快我国经济增长中发挥重要的作用[7]。货币政策非中性，货币供给能够推动经济增长，这正是本书的基本前提，本书正在货币政策非中性的假设下开启的。

2.1.2 货币政策传导机制研究

货币政策传导机制理论是货币政策经过操作指标、中介指标、最终目标等一系列中间过程而最终作用于实体经济传导过程的理论体系。伴随经济金融化和货币化的逐步深入，货币政策传导经济机制经历了古典主义、凯恩斯主义、新古典主义、新凯恩斯主义等理论演进，产生利率传导、汇率传导、信贷传导、资产价格传导等货币政策传导理论，使货币政策传导机制发展为一门复杂的经济科学。国内外许多学者对货币政策传导的经济机制以及传导有效性进行了大量的理论和实证研究。

米什金（1995）认为货币政策的传导机制应分为信用传导、资产价格传导、利率传导等三大类。而信用传导又包括资产负债表途径、银行贷款途径、家庭流动性效应等；资产价格传导包括财富效应、汇率传导、托宾q理论等[8]。Sidrauski（1967）建立MIU模型[9]；Clower（1967）构建CIA模型[10]。在一般动态均衡的理论框架内，由于MIU和CIA模型不同的视角，使货币影响产出的一般机制得到刻画，同时货币中性和超中性的特征也被揭示。在市场自动出清和理性预期假设下，真实经济周期理论则对货币变量与真实经济波动之间关系进行了系统阐述，基本观点如下：经济周期是经济系统中各行为主体对不断变化的真实变量所作出的理性反应，因而真实经济变量是宏观经济波动的根源；而货币供给变动作为产出波动的内生反应是不能对产出等真实经济变量产生影响的。Bernanke和Blinder（1988）在IS-LM模型中引入银行贷款使货币政策传导的货币和信贷渠道之间建立了理论联系[11]。基德兰德和普雷斯科特（1977）通过建立博弈模型对货币政策传导中时间一致性问题进行研究。研究表明，如果公众有理性预期，则他会在自己的决策中考虑货币当局未来政策效果，货币当局意外通胀措施将不能有效刺激就业和产出[12]。Barro 和 Gordon（1983）研究说明货币当局可以通过信誉激励来减少时间一致性问题中通胀政策偏差[13]。Ireland（2000）通过建立博弈模型证明，如果对公众预期施加一定约束，则货币当局可通过坚持实施非通胀货币政策来实现低通胀的唯一稳态均衡。这也从理论上说明单一规则是消除时间一致性问题通胀偏差的根本方法[14]。Bernanke（1999）提出经济和金融稳定可以通过通货膨胀目标制度来实现[15]；但 Blanchard（2000）研究认为通货膨胀目标制度并不能对泡沫与产出的影响、泡沫与资本积累的影响、泡沫与增长的长期影响等之间的关系问题做出合理的解释[16]。

2.1.3 货币政策传导有效性研究

王振山、王志强（2000）利用格兰杰因果、协整等计量方法对我国货币政策传导1981~1998年的年度数据和1993~1998年的季度数据进行实证分析，实证结果说明货币供应量对实际GDP没有明显解释力，而信贷总量则有较强的解释力。因而可认为我国货币政策传导主要途径是信贷渠道，以信用总量作为货币政策中介目标更为合适。潘红宇、邓述慧（2000）选择1987~1998年的月度数据利用格兰杰因果检验对金融变量与宏观经济变量进行实证分析，说明银行贷款是我国货币政策对经济产生影响的主要途径。王国松（2004）实证研究表明在1994~2002年我国通货紧缩期间，我国传统的货币政策传导渠道受阻致使民间消费和投资需求难以启动。孙明华（2004）运用计量方法对我国1994~2003年货币政策传导进行实证表明，目前我国的货币政策传导主渠道是货币渠道。白钦先、李安勇（2003）通过对西方货币政策传导机制理论的比较研究发现，信贷渠道实质上丰富和发展了利率传导，因而货币传导观点和信贷传导观点在理论上并不排斥的。李斌（2001）选取1992~2000年的季度数据为样本进行实证分析表明，在现阶段，信贷总量对经济增长有更重要作用，而在对经济运行状况作判断时，信贷总量与货币供应量具有相同的重要性。周英章、蒋振声（2002）采用向量自回归模型、协整等计量方法对货币政策传导机制分析，实证说明在中国的货币政策传导过程中，信用渠道比货币渠道更具主导地位，但是两者都在发挥传导作用。在经济转轨时期，我国信用传导存在障碍。陈飞、赵昕东、高铁梅（2002）选取1991～2000年季度数据为样本，利用向量自回归模型对中国货币政策传导实证分析，研究表明信贷冲击见效最快，但其作用时间较短；货币供给量作用显著，但其时滞较长；而利率传导作用介于两者之间。

赵进文、高辉（2004）利用向量自回归、协整等计量方法对1993～2002年中国货币政策传导实证，分析表明，汇率、货币供应量、信贷对GDP、消费、消费价格、股价有显著作用，利率作用较小。货币供应量、利率、信贷对投资有显著引导作用。谢平（2004）通过建立向量自回归以及误差校正模型实证说明中国货币政策具有长期中性，而在短期和长期内货币供应量都影响物价水平。而通过格兰杰因果检验以及相关分析说明中国货币供给具有内生性。蒋瑛琨、刘艳武、赵振全（2005）利用季度数据采用脉冲响应、协整等计量方法对调控转轨中的中国货币政策传导机制进行实证。分析说明，从对货币政策最终目标（产出和物价）的影响看，基础货币最为稳定和持久，其次是广义货币，最后是信贷总量；对于选择货币政策中介目标，基础货币优于广义货币而广义货币又优于信贷总量。李南成（2005）通过对贷款总量、货币供应量分别与GDP作脉冲响应分析，分析表明，从冲击效果看，货币供应量比贷款规模效果更好，但是贷款规模作为我国货币政策中介目标仍能对经济发挥一定作用。盛朝晖（2006）选取1994～2004年数据对我国货币政策传导的渠道效应实证分析，结果表明，中国货币政策传导主渠道是信用渠道，其次是利率传导渠道，而资本价格渠道效应也已经显现，而汇率传导还不显著。刘传哲、聂学峰（2007）利用基于向量自回归模型的脉冲响应和预测方差分解分析对中国货币政策传导途径进行实证研究。结果表明，信贷和房地产价格途径是中国货币政策传递到投资商的主通道；由于中国目前存在利率管制、金融市场割裂、资本市场规模小以及经济结构和制度性的缺陷等原因，因此通货膨胀效应、资产负债表效应、托宾q效应、名义利率途径等对投资的传导并不显著。

2.2 混沌与分形理论及应用研究评述

2.2.1 混沌理论基础建立

混沌理论最早的描述是由法国数学家庞加莱于 1903 年提出三体问题的庞加莱猜想。美国数学家伯克霍夫认识到庞加莱动力系统研究工作的重要性,并继承和发展了庞加莱的工作。他把庞加莱截面方法用于探索哈密顿系统的一般行为,1932 年在探索哈密顿系统复杂行为时,伯克霍夫实际上已经发现混沌行为以及现在所说的奇怪吸引子的实例,并意识到这些非线性行为是动力系统的共有行为。现代混沌研究源于 1963 年美国气象学家洛伦兹提出了著名洛伦兹方程,他第一次发现了由洛伦兹方程所描述确定性系统导致混沌的实例,尽管他本人并未提出混沌的概念,却从此拉开混沌理论研究序幕。

法国天文学家尹侬(1964)从研究球形星团出发提出尹侬映射,在这个不可积的 2 维保守哈密顿系统中,当能量渐高时其运动轨道在相空间的分布变得越来越没有规律性。法国物理学家茹厄勒和荷兰数学家塔肯斯(1971)在研究湍流发生机制时为混沌动力学研究提出奇异吸引子概念。李天岩与美国数学家约克(1975)在《数学月报》发表文章提出周期 3 意味着混沌观点,深刻地揭示从有序到混沌的演化过程。美国数学生态学家梅(1976)在《自然》发表文章,提出著名逻辑斯帝人口模型,这是一个非常简单的确定性生物数学模型,当系统参数在一定范围变化时,具有分岔、混沌等极其复杂的动力学行为。美国数学家费根·鲍姆(1978)在梅的工作基础上,发现倍周期分岔导致混沌及倍周期分岔现象中普适常数和标度不变性,这为混沌理论在现代科学理论中的应用研究奠定了基础性地位。

帕卡德、克拉奇菲尔德、法默和肖(1980)以及塔肯斯(1981)提出相空间重构理论。根据相空间重构理论,可以把一维的时间序列通过选择适当的延迟时间与嵌入维数,重构出系统的多维动力学相空间,进而寻找其奇异吸引子，并通过对其奇异引子特征值的计算以描述出复杂系统相空间的动力学特性。

由于混沌运动对很小的扰动敏感以及偏历性，Ott，Grebogi 和 Yorke（1990）提出利用参数微调来控制混沌（OGY）的方法，通过给混沌运动系统输入较小的参数扰动控制量，从而可以使混沌系统输出控制到一个稳定的状态，因而 OGY 法是一种比较有效的混沌控制方法。

2.2.2 经济混沌特性的揭示

经济混沌的研究开始于美国经济学家 Stutzer，Stutzer（1980）首次经济增长揭示出宏观经济系统的混沌特性，使经济学家认识到建立在传统经济学理论基础上的经济模型的局限性。陈平和 Barnett（1985）首次实证分析方式在经济系统中发现低维奇异吸引子。鲍莫尔和夸得特（1985）利用利润与广告的关系模型研究混沌及其可预测性。美国学者戴和本哈比（1981）在研究消费倾向对消费行为影响时发现：富人的消费行为是周期波动或混沌的。戴（1982）在研究古典经济增长模型中发现，在当人口达到最大数量而收入低于维持最低生活水平需求时，人口变化将出现混沌。博尔丁（1986）证明在一定条件下最优经济增长轨道也是混沌的，这说明混沌也可以是实现经济系统优化目标的一种动态行为。博尔丁（1988）研究表明经济系统的不规则波动是由经济系统内生决定的。底考斯持和米契尔（1992）研究了货币动力系统混沌问题。黄小原（1990）研究了在单边受限和双边受限条件下一般动态经济增长方程产生混沌的条件。刘洪（1993）找到了道格拉斯生产函数出现混沌的条件。王浣尘（1994）对工作行为演化模型中混沌现象进行了研究，揭示了人们的工作行为在一定条件下会产生混沌行为，可以通过表扬与批评交替结合的旋进原理对其加以控制。黄登仕、李后强（1994）利用 BDS 统计、R/S 分析以及分形理论等方法对深圳股市价格、香港黄金价格进行了预测和实证分析。范如国和黄本笑（2002）对企业制度系统的复杂性进行研究表明，企业制度系统中存在的混沌现象。

2.2.3 经济混沌的检验与实证

20世纪80年代以来,随着相空间重构技术的出现,混沌理论逐渐被应用在经济学领域研究中。许多学者开始运用混沌方法研究经济和金融系统,特别是有关股市指数、汇率市场方面的研究。Barnett和陈平(1988)首次成功地在实际经济数据中建立了确定性混沌动力学系统。沙因克曼和莱伯伦(1986)、布劳克等(1988)首先提出用关联性与残差等方法去诊断经济数据混沌性。索耶斯、巴雷特和费兰克等在高频经济数据中找到了低维混沌吸引子。这表明只需少数几个变量就可描述复杂经济现象。Hesieh(1989)、Kodres和Papell(1991)研究了外汇期货市场上和汇率波动中混沌现象。Philipatos,Pilarnu和Mailliaris(1993)研究了欧洲股市的混沌现象。

20世纪80年代末,许多国内学者把混沌理论引入我国资本市场研究,并对混沌理论在我国资本市场监管作了有益的探索。宋学峰等(2000)则对沪深股市的股票价格波动的混沌度进行了测算和分析。王德佳(2001)、刘文财等(2002)利用功率谱分析、分形理论等方法,以沪深股市为分析对象对我国股票市值的变化进行研究,证明了我国股市波动是具有内在随机性的混沌特征。韩文秀、郁俊莉和王其文(2002)对我国资本市场进行测算和分析,实证说明了我国资本市场具有混沌特性。杨凌(2003)测算了沪深证券市场的关联维,证实了沪深证券市场存在奇异吸引子。李方文(2004)利用1990年12月至2004年4月的上海证券市场的收益率数据计算了其关联维数,结果表明,上海股票收益率的剧烈、频繁波动背后存在某种确定性的规律,因而上海股市是一个具有分形结构的混沌系统。邓兰松和沈菲(2004)通过计算深圳基金指数的最大Lyapunov指数,证实深圳基金指数也具有混沌特征。李建功(2004)以上海期货交易所铜期货合约2000年1月至2001年12月的日交易数据为样本计算其关联积分和关联维数,证实中国期货市场也存在混沌现象。庄新田等(2008)以混沌经济学方法为基础,探讨实现股票市场的流动性和均衡状态条件与机制。

2.2.4 分形概论提出

分形概念是由美国数学家曼德布罗特于1967年首先提出的数学理论，其目的是描述复杂的图形以及复杂系统运行过程。分形概念的原意是指不规则的或者支离破碎的几何形体。

曼德布罗特（1967）在《科学》杂志上发表文章首次阐述了分形思想，分形理论研究并由此开启。曼德布罗特（1982）在其专著《大自然的分形几何学》提出第一个分形的定义：分形是具有膨胀或伸缩对称性的几何体，其拓扑维小于其豪斯道夫维。分形的第一个定义表明在动态演化中，不规则几何体具有标度不变性，即在一定的标度范围内，不规则几何体的测度不随尺度的改变而变化。曼德布罗特（1986）给出分形的第二定义：部分与整体间具有某种方式相似的集合。根据该定义，分形可以分为有规则、不规则两类。规则的分形具有严格自相似性，如科赫曲线、康托尔集、谢尔宾斯基地毯等；另一类分形是一定区域内具有标度不变性，超出这些区域自相似性就消失，也就是说，它仅具有统计意义的自相似性被称为不规则分形，如无规则的布朗运动、曲折蜿蜒的海岸线等。

由于分形现象在客观世界中的广泛存在，自曼德布罗特提出分形理论后，分形理论在自然和社会科学等多个领域得了广泛的应用。分形和分维的概念也从最初狭义几何形态上的自相似拓展为广义分形，即功能、信息、时间、结构上的自相似。这样分形理论为认识、研究自然与社会提供了一种新的理想数学模型——分形模型，可以把那些在一定范围内表现出自相似性质的规律、现象、客体、特征用分形理论来研究和处理。

随着分形思想和概念应用的深入，分形理论被抽象为一种以自相似性为工具通过部分来认识整体的科学方法论。由于具有分形性的客体中相对独立的部分（分形元）是其系统整体的缩影和再现，因而其在一定程度上包含或完全包含整体的相关性质和信息，大范围内分形体所能看到的复杂性，在小范围内仍然具有这些复杂性，即整体和部分具有相同的复杂性，而分形体的这些特征是传统还原论难以认识和分析的。分形方法论的主要内容如下：（1）以分形体的整体和部分自相似性为媒介，通过认识分形体的部分来映象分形体的整体，并通过认识分形体的整体来把握和深化对分形体部分的认识；（2）利用分形的思想和方法，从无序中探寻有序，揭示混乱、无序、混沌等不规则复杂现象的内在规律。

2.2.5　分形理论在经济中应用

分形理论在经济中应用也是由曼德布罗特在 20 世纪 60 年代研究棉花价格变动开启的。Hurst（1951）提出探索分形结构特征常用方法 R/S 分析法。Greene 和 Fielitz（1977）首次将 R/S 分析法用于研究美国普通股收益的非线性特征。Booth 和 Kasen（1977）、Helma（l984）、Fungt（l994）应用 R/S 分析法分别对黄金价格、农产品期货市场、股价指数期货进行了研究。Scheinkman 和 Lebaron（1989）利用 5000 个观测值分析了美国股票收益率证实其分形维在 5~6。Peters（1989、1991、1994）利用 R/S 分析法对资本市场进行实证分析，证实日本、美国、德国、英国的资本市场都具有明显的分形特征，都是复杂的非线性动力系统。Marco Corazza 和 Malliaris（1997）运用 R/S 法分析了农产品期货市场，计算表明，其 Hurst 指数都大于 0.5，这说明期货价格时间序列具有循环的趋势和持久性，其市场收益率分布是非标准正态分布。Peters（1999）计算出 MSCI 英国与德国股票指数的分形维在 2~3。

陈平（1987）用实际宏观货币数据，计算了经济系统的分维，从宏观货币指数中发现了维数为 1.5 左右的奇异吸引子。杨培才（1992）以伦敦外汇市场的英镑对美元周平均汇率原始数据作为时间序列，证实外汇系统中也存在奇异吸引子，并据此认为汇价变动存在规律性以及近期的可预报性。王军（1993）证实标准普尔 500 指数存在混沌吸引子，其维数为 2.33，并对该吸引子对资本市场运动的意义进行了论述。徐龙炳和陆蓉（1999）选取上证综合指数 1990 年 12 月至 1998 年 10 月以及深圳成分指数 1991 年 4 月至 1998 年 10 月的日收盘数据为研究对象，利用 R/S 分析方法计算得出上海和深圳证券市场的 Hurst 指数分别为 0.661、0.643，上海证券市场的周期为193天。史永东（2000）应用R/S分析法对上证综合指数1990年12月至1999年3月的每周收盘数据研究，计算出其Hurst指数为0.697，非循环周期是20周。上述实证分析均证实我国证券市场具有分形性。宋耀、田华（2004）利用R/S分析法，选取英镑、日元、瑞士法郎、澳元、加元为研究对象进行了实证分析，分析表明国际汇率波动具有周期性和状态持久性，国际汇率市场具有着明显的分形性。赵旭和吴冲锋（2004）利用R/S分析法对我国发行的15只封闭式证券投资基金实证，分析表明我国上市基金在2000~2002年表现出了稳定和持久的特性。

杨军、刘丽文（1998）将分形引入企业生产系统的组织设计研究，并设计了分形性的结构与目标协调的生产系统。范如国和黄本笑（2002）对企业制度系统的复杂性研究表明在企业制度创新中存在分形特征。李喜梅（2006）利用分形理论讨论我国农村金融体系的分形特征。倪沈冰、陈俊芳、张莉娜（2003）利用分形理论构建可重构的分形供应链，并以此为基础给出了分形供应链定量分析其自相似度的数学模型。于艳飞、王效俐、刘红（2007）在构建分形供应链的结构模型和运作模型的基础上探讨了能有效提高供应链的灵活性和适应能力的自相似、自组织、自优化等特点。王文静、马海军（2009）对商业银行的分形特征进行研究，并提出了对商业银行的分形管理建议。

2.2.6 多重分形理论在经济中应用

多重分形是指由多个标度指数所刻画的具有分形性的集合，通过多重分形的分形测度可以描述分形体在支集上的分布情况以及分形体在不同层次的特征。曼德布罗特（1999）提出，为更为有效和全面地描述价格波动的特征必须应用多重分形理论。Schmit与Schertzer等（2000）通过建立汇率变动的9阶矩结构函数实证说明汇率变动是一个多重分形过程；Andreadi与lserletis（2002）通过对1928~2000年道琼斯工业指数日收盘数据进行实证分析，证实美国股票市场具有多重分形。

何建敏和常松（2002）利用1990年12月至2000年11月上海证券市

场日收盘数据验证了上海证券市场的多重分形性。胡雪明和宋学锋（2003）利用消除趋势波动分析方法证实我国沪深两市都具有多重分形结构。卢方元（2004）对沪深证券市场的收益率的多重分形结构成因进行研究，实证说明深圳成指和上证综指的收益率序列均存在胖尾分布以及长程相关性。

本书第4章将在借鉴了上述研究的基础上，把分形思想引入货币政策传导系统研究，以自相似性为媒介，打破货币政策传导系统的组织结构、制度结构、功能结构、运行结构等在整体与部分、混沌与规则、有序与无序之间的隔膜，多层面、多视角地去揭示货币政策传导系统在简单与复杂、连续与突变、整体与部分、混沌与规则、有序与无序之间的多维度联系方式[17]，使人们对货币政策传导系统的认识视角由线性转为非线性。从而可以从非线性和系统性视角加强对货币政策传导系统的监管与治理，减少货币政策传导的阻塞效应，提高货币政策的有效性、科学性、可信性和透明性。

2.3 耗散结构与协调理论及应用研究评述

2.3.1 熵与耗散结构理论的建立

熵是一个物理学概念，其值是对一个系统紊乱程度的测度。德国物理学家克劳修斯（1850）首次引入熵的概念用来表示在空间中一种能量分布的均匀程度。当能量分布得越均匀，其熵就越大。系统中能量完全均匀分布时，其熵值最大。因而在克劳修斯熵的概念下，如果一个系统不进行任何干预，那么系统中能量差总是趋于消失。这说明在孤立系统内，其熵的总值只增无减，这就是著名的热力学第二定律，也被称为熵恒增定律。

奥地利物理学家玻耳兹曼（1872）年从非平衡态的分子动力学出发而引进玻耳兹曼常量 k 得到关系式 $S = k\log W$，该关系式将宏观量熵 S 与微观概率状态数 W 联系起来，在系统微观与宏观之间构架一种媒介，使系统热力学第二定律、熵 S、宏观的不可逆性可以通过微观概率态数 W 来解释其统计意义，同时表述微观状态数的物理意义以及熵函数的统计规律。这样系统的熵值直接反映系统所处状态的均匀程度，系统的熵值越小，系统状态就越是有序和不均匀；系统的熵值越大，系统越无序和均匀。而系统总是自发地从熵值较小向熵值较大的状态，即从有序走向无序。

奥地利量子物理学家薛定谔（1944）试图用量子力学、化学理论和热力学来解释生命的本性，在其名著《生命是什么》中引入负熵概念。负熵表示系统中熵减少，是系统熵函数的负向变化量，表示系统由无序走向有序和不均匀。负熵的概念对 20 世纪 60 年代自组织的研究产生了很大的影响。

香农（1948）将物理学中的熵理论引入信息论研究，把通信过程中信息源信号的不确定性定义为信息熵，这样在信息论中就可以定量刻画信息概念，从而将熵概念由物理熵扩展到信息熵。香农的信息熵所表示信息量是平均意义的，但是它从信息的侧面定量地刻画系统状态的有序性。

耗散结构理论是由布鲁尔学派著名学者普里戈金于 1969 年正式提出的。自组织理论是研究自发形成的宏观有序现象理论，耗散结构理论是其重要组成部分，通过对时间本质问题的突破性研究，有效沟通物理学、生物学以及社会科学，对生物及社会领域的有序现象进行了科学解释。耗散结构理论提出后，对自然和社会科学的诸多领域产生深远影响。耗散结构是指一个复杂系统在开放的远离平衡条件下，不断地与外界环境交换物质、能量、信息，通过能量耗散以及内部非线性动力机制的作用，经过突变而形成持久稳定的宏观有序结构[43]。复杂系统可以是生物的、化学的、物理的系统，也可以是社会的或经济的系统。普里戈金认为复杂系统形成耗散结构的基本条件是非平衡的，这里非平衡是指复杂系统的开放性，即复杂系统具有不断地与外界环境进行物质、能量和信息交换特征。同时复杂系统因从外界环境中获取能量、信息、物质而给系统带来负熵，进而使整个系统的无序性增加小于有序性增加，从而使复杂系统自发地形成新的组织结构。

2.3.2 耗散结构理论在经济管理中应用

从前述熵、有序性、耗散结构的理论演进可以看出，熵、耗散结构不仅具有很深刻的理论意义，而且具有很强的管理价值和经济意义。

顾昌耀和邱菀华（1991）把熵的定义扩展至复数，并从决策领域进行了应用研究。邱菀华（1995）提出基于群决策的复熵模型，阎植林（1996）对熵理论在管理决策中的应用进行了研究。阎植林、邱菀华（1995）将熵理论用于管理系统有序性及其意义。阎植林（1995）、吕坚（2005）利用熵理论建立了系统有序度模型以及系统结构的时效质量模型，并基于模型对信息在系统中传递的时效和质量进行分析。Watts 和 Strogatz（1998）提出了基于人类社会的小世界网络模型，为改善复杂系统有序性提供了新视角。任佩瑜、张莉、宋勇（2001）利用管理熵和管理耗散结构解释揭示复杂的企业组织结构发展规律以及管理决策临界点的内在矛盾运动和规律，指导复杂企业的自组织结构的构建。敖世友、马玉（2005）基于管理耗散理论和管理熵构建企业的外部因素评价矩阵并通过算例计算一家企业外部管理熵流值评价企业对外部环境的适应性。

湛垦华、沈小峰（1998），魏遥（2010）认为耗散结构理论以及其中三分子模型是分析远离平衡开放性系统的重要工具。特别是三分子模型，它能有效模拟复杂系统的自组织行为和系统演化动力行为。Helbing（1996）、MacIntosh 和 Maclean（1999）、张志峰（2007）应用耗散结构理论分析了交通系统、管理系统、企业系统等复杂经济系统形成耗散结构过程、条件和演化规律，并构造相应系统的管理熵，其中张志峰（2007）还利用企业资金流对其建立的熵变模型进行实证分析。魏遥（2010），李双艳、陈治亚、张得志（2008），张铁男、程宝元、张亚娟（2008），Hyeon-Hyo（2001）利用耗散结构理论和三分子模型对产融集团、物流节点系统、企业系统、金融系统的形成机制、动态演化过程进行模拟分析。基于此，本书第 5 章把货币政策传导系统看成是自组织的动态演化系统，其非平衡演化是系统在外部环境涨落和内部熵变等微观作用下引起系统向高度有序的宏观结构跃迁过程，其演化机理与耗散结构理论同态，所以本书尝试把耗散结构和低浓度三分子模型引入货币政策传导系统动态演化机理的研究，并以它作为分析的理论框架，建构货币政策传导系统动态演化机理的低浓度三分子模型，以期揭示货币政策传导系统自组织动态演化的路径和规律。

2.3.3 协同理论的建立

协同理论是联邦德国物理学家哈肯于1969提出一种解释系统稳定性和目的性的具体机制的自组织演化理论。在20世纪60年代初，激光作为一种新的物理现象出现引起了哈肯关注，随即他对激光理论进行系统研究。随着研究的深入，哈肯认识到客观世界中的各种合作、协调现象背后隐藏着普遍而深刻的规律——协同机制。1969年哈肯首次提出协同学概念，1970年在其专著《激光理论》中多次系统的不稳定性，1971年与学者格雷厄姆合作系统阐述协同理论。1972年第一届国际协同学会议召开，并于1973年出版这次会议的论文集《协同学》标志着协同理论的诞生。1979年生物学家艾根将协同理论引入生物学研究，并在此基础创立超循环理论。

协同理论主要研究一个开放系统在其外部参变量的驱动以及内部子系统之间的非线性作用机制下，使系统在宏观尺度上以自组织的方式形成时间、空间或功能上有序结构的条件、机制及其规律。因而系统协同演化的关键在于子系统之间的非线性作用机制。协同系统的状态通常可以由一组状态参量来描述。根据这些状态参量随时间变化的快慢程度可分为快慢两类变量。慢变量由于可表征系统有序化程度并确定系统的宏观行为而被称序参量。序参量随时间变化所遵从的非线性方程被称为演化方程。协同理论的基本研究方法是通过系统的演化方程来研究协同系统的各种非平衡定态和非平衡相变。

2.3.4 协同理论在经济管理中应用

由于经济学、管理学、社会学等学科中广泛存在竞争与协同、演化与共生、自组织与他组织、有序与无序等复杂系统现象，因而协同学理论逐步从光学和化学等研究领域被引入经济学、管理学等领域。

朱永达、张涛、李炳军（2001）利用协同理论构建产业系统演化方程从更深层次上探寻产业结构演化的内在机制，定量地论证了反映创新和科技进步的劳动生产率是产业系统演化的序参量。郭莉、苏敬勤、徐大伟（2005）利用哈肯模型建立产业生态系统演化方程并运用实证研究说明依靠技术创新能增强了生态工业。曹一家、丁理杰、江全元、韩祯祥（2005）通过对电力系统中大停电机理分析提出了基于自组织临界理论的电力系统大停电的协同学预测模型，算例表明该预测模型具有较高的预测精度。庞永、赵艳萍（2007）从协同理论的角度对企业的进化动力进行分析得出企业系统进化的序参量是企业之间以及企业内部的竞争和合作。鲍丹（2008）通过建立金融创新的协同机制模型对金融一体化背景下的金融创新的协同机制及实现过程进行研究。张世晓、王国华（2009）利用实证研究说明区域创新集聚与区域金融结构协同演化系统的序参量是区域金融结构，区域金融结构演化的支配并协同区域创新集聚的形成和发展。罗嘉、李连友（2009）在提出金融监管协同度概念的基础上构建金融监管协同度的计量模型并利用中国的相关数据进行实证分析，得出考察期内我国证券监管则处于相对无序，银行监管次之，而保险监管相对有序的结论。毛荐其、刘娜（2010）在阐述技术生态的内涵基础上探讨技术的协同演化机制，指出技术与技术、技术与环境的协同演化是技术生态演化基础。陆萍、曾卫明（2010）在构建提升高校创新团队的内部协同管理机制模型的基础上对高校创新团队有序演化机制进行研究，研究表明高校创新团队有序演化的动力源泉是高校创新团队内部的竞争与协同的相互作用，其相互作用程度决定着高校创新团队演化的有序性和稳定性。刘兵、李嫄、许刚（2010）通过构建开发区人才聚集与区域经济发展协同度评价模型对开发区人才聚集与区域经济发展协同演进的一般规律进行研究，并给出协同发展的实现途径。徐砥中、任佩瑜（2010）对复杂公共决策系统的涌现问题进行研究，指出是公共决策系统具有管理、组织、信息三种协同能力。

虽然协同理论在管理学、经济学中已经得到了广泛运用，并为应用协同理论分析经济管理问题提供了的方法和思路,但由于货币政策传导系统作为复杂经济系统,对其复杂协同演化机理认识还是未知状态,因此,协同理论在货币政策传导的理论和实证研究中还没有看到相关的运用。基于此,本书第5章试图把协同理论应用于货币政策传导系统动态演化研究,分析货币政策传导系统协同演化机制与规律。

2.4 文献评价

现有相关文献综述表明,国外关于货币政策传导研究仅仅是一种货币政策理论的研究,属于经济学和金融学的研究范畴,而没有将货币政策传导研究拓展到系统管理层面,从系统管理学的角度去分析货币政策传导系统内部各子系统的耗散演化和协同管理。而且目前国外把货币政策传导机制作为一个非线性、动态演化复杂系统来研究还很少,现有研究仅仅集中于经济传导机制,把其看成一个线性或随机系统,这些对于要从系统管理理论角度去揭示货币政策传导复杂性机制还有相当差距。

目前国内对货币政策传导的研究存在以下几个问题:第一,研究多是对货币政策传导机制的经济计量考查,少有对货币政策传导复杂性机制的规范性分析;第二,研究多是从经济层面剖析货币政策传导梗阻效应,少有对梗阻效应背后的复杂性因素及其引致的非线性机制分析;第三,研究多是从经济学与金融学角度研究货币政策传导经济机制,很少有把货币政策传导看作一个复杂系统的动态演化和管理协同现象而从系统管理视角去认识和分析货币政策传导系统动态演化机制;第四,对货币政策传导的经济机制一般性描述得较多,缺乏从系统整体视角对货币政策传导的关注,揭示其动态演化的内在复杂性及其演化背后的复杂性机制和非平衡演化过程,而这些问题对货币当局就货币政策传导建立一个理性的期望、选择有效的政策着力点是至关重要的。

目前系统管理的思想和理论在经济管理和社会系统中已经得到了广泛运用,并为货币政策传导系统动态演化机制研究提供了思路与方法,但由于货币政策传导系统作为典型的复杂经济系统,对其复杂性和动态演化机制还是未知,而且系统管理的思想与理论在货币政策传导系统复杂性及动态演化的理论和实证研究中还没有看到相关的应用。为此,本书在借鉴了上述研究的基础上,采用系统思想方法,并结合中国货币政策传导实际对货币政策传导系统动态演化机制进行实证研究,以期揭示货币政策传导系统的复杂性、演化机制以及其内在规律并试图拓展系统理论的应用领域和货币政策传导系统的研究的逻辑视角。

货币政策传导系统复杂性及演化研究：仿真与中国数据的实证
Chapter 3

第3章　理论基础与研究假设

本章是本书研究的理论基础。本章结构如下：第一，对货币政策的目标、中间目标、操作目标、政策工具、操作规则等概念介绍，分析表明从货币政策工具启动到货币政策目标的实现是一个十分复杂的经济过程；第二，对货币政策作用机理进行介绍，分析表明从货币政策工具启动到货币政策目标实现的货币政策传导系统具有非平衡的动态演化特征；第三，通过对 MF 模型动态化，证明了开放经济系统具有能控性、能达性、能观性等结构特征，并从经济控制论视角说明综合利用财政与货币政策能够实现对宏观经济的调控；第四，对货币政策中性、货币供给内生性问题理论演进进行分析，并基于此提出本书的研究假设；第五，对货币政策传导的经济机制及其理论演变梳理，分析表明货币政策传导的经济机制具有复杂性特征；第六，利用中国货币政策传导的基本数据对货币政策传导的经济机制及其传导渠道验证，并就本书研究假设的合理性进行说明。本章的实证和理论说明货币政策传导系统是一类典型的复杂经济系统，传统研究范式将之化简为现实的线性近似，虽取得许多成果，但复杂现象本身被简单化，大量有用信息也随之消失，对系统中一些经济现象不能作出合理解释，因而仅从传统计量经济学的角度去思考和认识货币政策传导系统是不够的，必须从系统思想视角去探讨其复杂性机制及动态演化规律，以期提高货币政策传导的有效性。

3.1 货币政策的目标与工具

3.1.1 货币政策最终目标

货币政策是由利率政策、汇率政策、信贷政策等具体政策组成有机政策体系，是政府为实现既定的经济目标而进行宏观经济调控的基本工具和手段。货币政策目标是指中央银行进行货币信贷总量和结构操作所希望达到的目的，由于货币政策目标的选择，决定了货币政策效率，因而货币政策目标是货币政策体系的核心。理想的货币政策目标有四个：物价稳定、经济增长、充分就业、国际收支平衡，它们也是宏观经济调控基本目标，是央行和各国政府力图实现的宏观经济运行的理想状态。

当市场上货币供应量过多或社会总需求过旺时，物价就会上升，出现通货膨胀。通货膨胀如果任其发展，将会严重影响货币政策的传导，进而对实体经济产生巨大的破坏性。物价明显或剧烈的波动也会造成一国的币值出现巨大波动。因而维护币值和物价的稳定是世界各国货币当局共同的责任，也是货币政策的首要目标。因而货币当局不仅要防止通货膨胀或通货紧缩，保持对内物价水平的稳定，而且要防止汇率波动，保持汇率稳定。从我国货币政策实践上看，我国币值稳定的货币政策目标在有管理的浮动汇率制度和固定汇率制度下都是存在显著的内在冲突性[19]，也就是说，在开放经济条件下，我国货币政策可能面临内外冲突的经济运行状态，货币政策的双重稳定目标难以同时兼顾[20]。因而，币值稳定的双重含义会加强货币政策的时滞效应，削弱其时效性，同时也会增加货币政策制定者的抉择难度。

较高的失业率是能够导致社会不稳，而且是一种劳动力资源的浪费。因而充分就业也是货币政策的基本目标，这里的充分就业是指劳动力市场均衡时的就业水平。作为货币政策的目标，充分就业的测度是通过计算失业率进行的。理想状态的失业率是零，但是在一个动态经济中，劳动力市场不完善、劳动力需求波动、工人的技术与行业发展不协调等使失业与职位空缺并存，货币当局可以调节货币供应量来刺激经济发展降低失业率，实现充分就业。

经济增长是货币当局利用其控制的货币政策工具，创造和维持适宜经济增长的货币金融环境，促进经济的可持续发展。反映经济增长的指标有国民生产净值增长率、国民收入增长率。货币当局利用储蓄率、投资率以及要素资源的优化配置等几个因素为经济增长提供结构推动力和总量推动力来调控经济增长。因而经济增长也是货币政策的目标。

国际收支是用来衡量在一个特定的时间段内一国对所有其他国家的交易支付。国际收支平衡指一国的国际收支净额为零，即净出口与净资本流出的差额为零。如果一国出现长期的巨额国际收支顺差会使外汇大量闲置，造成资源浪费，同时货币当局为购买大量外汇而增发本国货币，也可能导致或加剧国内通货膨胀。而当国际收支逆差增大时，则可能会导致外汇市场对本币的信心下降，大量资本外流，外汇储备急剧减少，进而本币大幅度贬值，并可能会导致严重的货币和金融危机。因而保持国际收支平衡是保证国民经济持续稳定增长和经济安全的重要条件，也是货币政策的重要目标。

货币当局总是通过货币政策实现这四大政策目标，但是从经济实践和理论分析都表明，这些目标有些可以兼容协同，而有些目标则存在矛盾和冲突，不能同时实现。例如，充分就业与经济增长具有协同性，而物价稳定与经济增长、充分就业、国际收支平衡之间存在矛盾，经济增长与国际收支平衡也存在着竞争性。正是由于这些政策目标既竞争又协同，而它们背后经济变量也是既竞争又协同，正是这些既竞争又协同经济变量才促进货币政策传导系统的循环共生演化。因而具有竞争与协同关系各种政策变量的相互作用是货币政策传导系统有序演化的动力，其作用程度决定着货币政策传导系统演化的有序性和稳定性。

综上所述，货币政策各目标间存在的矛盾性，对于任何一个国家政府来说，上述各种目标往往不能同时兼顾，货币当局应根据当时的经济、社会环境以及当时所面临的最突出的基本矛盾选择具体的货币政策目标。

3.1.2 货币政策中间目标

货币政策的中间目标也可称为中介目标或中间变量，是指为实现货币政策的最终目标，货币当局所选定具有传导性、便于调控的金融变量，是介于货币政策目标（最终目标）和货币政策操作目标之间的变量指标，因而货币政策的中间目标具有以下功能：一是信息发现与信息传递功能；二是名义锚功能。中央银行不能直接控制货币政策的最终目标，为了实现对最终目标的调节和控制，央行必须选择可直接调控、在短期内可度量且与最终目标关系密切的金融指标作为中间指标。货币政策中间指标选择标准有：相关性、可测性、可控性、抗干扰性。相关性要求中间指标必须与货币政策最终目标高度相关；可测性要求作为中间指标的变量必须能准确和迅速地进行量的测度；可控性要求作为中间指标的变量应便于货币管理当局运用政策工具以有效地驾驭和控制；抗干扰性要求作为中间指标的金融变量能够有效抵御其他因素的影响，能够独立发挥作用，使货币当局能够准确把握货币政策的适度和力度。根据以上标准，常用的中间指标有：利率、汇率、货币供应量、通货膨胀率、信贷总规模等。

利率特别是中长期利率作为中介目标，货币当局可以直接控制再贴现率，或者通过公开市场业务和再贴现政策调节市场利率。同时货币当局任何时候都能观察到市场利率的水平及结构，可以随时进行分析和调整。利率与货币政策的最终目标的相关性强。中长期利率对消费需求、投资需求、生产供给有着显著的影响，特别是对不动产及机器设备的投资尤其如此，因此利率与收入水平直接相关，对实体经济产生较大影响。

汇率作为中间目标简单、明确，能使国际贸易的价格水平固定，有效避免通货膨胀，同时可将本国的通胀预期盯住目标国的通胀率，进而能为实施货币政策提供了自动法则，缓解时间不连续的问题。

货币供应量作为中间目标具有相对稳定性，与经济增长、价格水平等经济总量的关系密切，便于货币当局直接控制，时滞较短，有助于对通胀预期和通胀的管理，抑制政策制定者的时间不连续行为。

通货膨胀率作为中间目标具有较高透明度，能使货币政策对国内经济波动迅速做出政策回应，又可货币当局使用各种信息而非一个变量来决定最优货币政策。同时也可强化货币当局的责任约束，从而降低了为扩大产出和就业而实行过度扩张政策造成时滞效应的可能性。

信贷总规模作为中间目标能使货币当局直接利用信用创造来松紧银根，有效影响货币供应量。同时货币当局也能在专业银行的信贷能力范围内进行适度的结构调整，方便地实现商品供需平衡和货币流通的稳定。

各种中间目标都有优势，但同样也存在着各种问题，货币当局必须从实际出发，仔细地选择最有效的中间目标。目前我国的货币政策将以货币供应量为中间目标，但在1994年以前贷款规模是我国货币政策的重要中间目标，到1994年我国才真正将货币供应量作为我国的货币政策中间目标。

3.1.3 货币政策操作指标

货币政策的操作指标也被称为近期目标，是介于中间目标与货币政策工具之间的金融变量。货币政策操作指标有可控性、可测性、相关性三个选择标准。操作指标的选择与中介目标的选择有很大相关性。货币政策操作指标主要有：短期利率、存款准备金和基础货币。

银行间同业拆借利率等短期的市场利率能灵活变动，并且是能够反映市场资金的供求状况，因而在具体货币政策操作中可以作为货币政策的操作指标。银行间同业拆借利率具有较强的灵活性，货币当局能够通过公开市场操作和再贴现窗口来调控短期利率，同时银行同业拆借利率的水平和变动情况很容易就可以得到，因此货币当局常把银行间同业拆借利率作为货币政策的操作指标。短期利率作为货币政策的操作指标也有利率对经济产生作用存在较长的时滞效应，以及在顺商业周期时利率容易形成货币供给的周期性膨胀和紧缩等缺点。

基础货币的数量可以由货币当局直接控制的，并且其数量大小随时在中央银行的资产负债表上反映出来，因而具有良好的可控性和可测性。金融机构的存款准备金总量则取决于货币当局对政策工具的操作，因而具有较强的可控性。同时，基础货币也具有良好的相关性，货币当局通过对基础货币的操纵，不但能使商业银行及社会大众调整其资产构成，改变货币乘数，而且通过货币基数的变化直接影响货币供应总量，从而影响到市场利率、价格以及国民收入，实现货币政策的最终目标。因而，基础货币是比较理想的货币政策操作指标。

存款准备金的变动一般较容易为货币当局测度、控制，货币当局可直接利用信用创造来松紧银根，有效影响货币供应量，并对货币政策的最终目标的实现产生影响。因而存款准备金既可作为货币政策的中间目标，也可作为货币政策的操作指标。

3.1.4 货币政策工具

货币政策工具是货币当局为实现货币政策的中介目标，进而实现货币政策目标而采取的各项措施、方法和手段。货币政策工具分为一般性、选择性两类。一般性货币政策工具是从总量上对信贷规模与货币供应进行调节，也是最主要的间接性调控工具，中央银行所采用的、对整个金融系统

第 3 章　理论基础与研究假设

的货币信用扩张、紧缩从而产生全面性或一般性影响的手段，包括再贴现、存款准备金、公开市场操作三类。

货币当局针对某些特殊的经济领域而采用的货币政策工具被称为选择性工具，它影响的金融系统中资金的流向和信贷资金利率的结构，而不是货币供给总量，属于直接调控工具，主要包括选择性信用管制、Q项条款、国债管理等。除了两类政策工具外，货币当局还有一些补充性货币政策工具，如信用分配、流动性比率、利率限制、窗口指导、道义劝告等对信用进行直接控制和间接控制。

公开市场操作是货币当局为了将基础货币和利率控制在适当的范围内而在金融市场上公开买卖有价证券和外汇，通过它可以调节市场流动性，进而实现货币政策目标。公开市场操作是货币当局通过买卖有价证券，影响金融系统的准备金和资金市场的供求状况，从而影响货币供应量、利率水平和利率结构。货币当局在市场上公开大量买卖的有价证券，银行系统的准备金的增加，银行信贷增加，货币供给扩大；反之，中央银行如果抛售有价证券，货币就会大量回笼，货币供应量会直接减少，同时商业银行存款准备金也会减少，而中央银行的利率会上升，从而使信用规模缩小。货币当局通过公开市场操作改变证券市场的供求对比，进而导致证券价格的上涨或下跌，引起市场利息的下降或上升以及利率结构的变化。

再贴现率业务是货币当局利用贴现窗口向商业银行提供贷款，其利率为贴现率。当商业银行资金短缺时，可以向中央银行借款。当贴现贷款增加时，商业银行在中央银行的储备规模增加，从而货币供应量相应增加，所以再贴现率业务也是一项重要货币政策工具。再贴现业务对经济影响有三个途径：一是影响商业银行的融资成本，若货币当局提高或降低贴现率，商业银行的融资成本就会提高或降低，从而市场利率就会提高或降低，这样货币供应量和信用规模收缩或扩张；二是再贴现业务具有强烈的告示作用，当货币当局提高贴现率时表明货币当局要采取紧缩的货币政策，当货币当局降低贴现率时表明货币当局要放松银根，这样居民就会预期成本和收益的变化，调整对货币的需求，进而影响实体经济；三是再贴现业务具有很强的结构调整效应，例如，货币当局可以通过对再贴现票据的种类和对不同的票据实行差别再贴现率,进而对再贴现票据的种类、规模进行调整和限制,从而可以调整货币供给结构。

存款准备金是中央银行根据法律的规定,要求各商业银行按一定的比例将吸收的存款存入在人民银行开设的准备金账户,以保证客户提取存款和资金清算需要,货币当局可以通过存款准备金对商业银行利用存款发放贷款的行为进行控制。存款准备金率是由中央银行决定的金融机构存款准备金占其存款总额的比例。超额存款准备金是金融机构用于支付清算、头寸调拨或作为资产运用而存放在中央银行的超出存款准备金部分的备用资金。准备金除保证金融机构能有相当充足的清偿能力,还赋予商业银行创造信用货币,调控金融机构的信贷扩张能力,从而间接调控货币供应量的职能。因而存款准备金制度也是货币当局货币政策的重要工具。

存款准备金率政策的经济调控机制体现在它对商业银行的信用扩张能力以及对货币乘数的调节。商业银行的信用扩张能力与中央银行投放的基础货币量存在乘数关系,而存款准备金率与乘数的大小成反比。因此,中央银行若采取宽松货币政策,可通过降低法定存款准备金率,从而提高商业银行的信用扩张能力、增大货币乘数,最终起到扩张货币量和信贷量的效果,反之亦然。但存款准备金率政策也存在缺陷:一是存款准备金率政策对商业银行的信用扩张能力调控是通过商业银行的辗转存、贷,逐级递推而实现,有很强的时滞效应;二是当中央银行调整存款准备金率时,商业银行可以通过变动其超额准备,进行反方向操作抵消了央行变动存款准备金率的效果;三是存款准备金率对货币乘数的影响很大,作用力度很强,是一种比较猛烈的货币政策手段。因此,存款准备金率政策只作为货币政策的一种自动稳定机制,而不是将其当作适时调整的货币政策工具。中国的存款准备金制度是1984年中国人民银行专门行使中央银行职能后建立的。

在过去较长时期内,中国货币政策以直接调控为主,如采取信贷规模、现金计划等。1998年以后,取消了贷款规模控制,主要采取间接货币政策工具调控货币供应总量。现阶段,中国的货币政策工具主要有再贴现、存款准备金、公开市场操作、利率政策、再贷款、汇率政策、窗口指导等。目前中国货币政策的操作指标主要监控银行间债券市场的回购利率、银行间同业拆借市场利率、银行的超额储备率、基础货币；中介指标主要监测货币市场交易量、商业银行贷款总量等信用总量以及货币供应量。

综上所述，为实现货币政策的最终目标由货币政策工具启动到货币政策最终目标实现之间必然存在一个具有复杂时空结构的经济运行过程，这个过程就是货币政策传导系统。它的一般过程是：货币政策工具启动→货币政策操作指标→货币政策中介目标→货币政策最终目标实现。

3.1.5 货币政策的操作规则

货币政策的最终效果与货币政策的操作规则密不可分。在现代货币经济理论中，货币政策常有以下几种操作规则。

相机抉择是指货币当局在货币政策操作过程中不受任何固定程序或原则的约束，而是依据经济形势，逆风向行事以期平抑经济周期，实现货币政策目标。例如，当经济过热、通货膨胀发生时，货币当局就要采取紧缩性的货币政策抑制过热的经济；而当市场有效需求不足、失业率过高时，货币当局就采取扩张性的货币政策来刺激经济增长，从而提高就业率。

规则行事是指货币当局在实施货币政策之前，就预先宣布货币政策操作的程序或原则，并公开承诺遵守这些货币政策操作的程序或原则。货币主义主张货币政策操作实行单一规则，即无论经济运行如何发展，货币当局都应保持公开宣布的货币供给固定增长率，以便消除货币政策相机抉择而引起的经济运行波动，让经济在保持币值稳定情况下实现经济可持续的稳定发展。

凯恩斯主义主张货币政策操作实行相机抉择规则，认为相机抉择能给货币政策操作提供灵活度，有助于处理事前无法预期的突发波动，避免规则行事策略僵硬而造成不必要的经济波动和实现经济总量的均衡。货币主义认为市场机制内部具有自稳定机制，只要市场经济的外部环境适宜，市场机制这种内部的自稳定机制就能自然地实现充分就业和经济增长，而不必过多地干预经济的自由发展，因而货币主义反对相机抉择货币政策操作规则。正是由于凯恩斯主义与货币主义关于相机抉择和规则行事政策操作规则的争论导致其他货币政策操作规则的出现。

通货膨胀目标制是货币当局直接以通货膨胀为目标并对外公布该目标的货币政策操作制度。在通货膨胀目标制下，货币政策的决策依据主要依靠定期对通货膨胀的预测，因而在货币政策工具与最终目标之间不再设立中间目标。货币当局根据预测提前确定本国在未来一段时期内的中长期通货膨胀目标，货币当局在公众的监督下运用相应的货币政策工具使通货膨胀的实际值和预测目标相吻合。通货膨胀目标制克服了单纯盯住某种经济、金融变量的弊端，实现了规则性和灵活性的高度统一，其次通货膨胀目标制提高了货币政策的透明度，因为实行通货膨胀目标制国家的货币当局不但预先公布明确的通货膨胀目标或目标区间，而且还定期向政府和公众解释当前的通货膨胀状况和应对措施。但是通货膨胀目标制实施必须满足三个条件：一是确定合理的通货膨胀目标区间；二是对通货膨胀率的精确预测；三是货币当局必须具有的高度独立性。从以上分析可看出，现阶段中国还不具备实施通货膨胀目标制的条件。

泰勒规则是1993年由美国教授泰勒根据美国货币政策的实际经验而提出的著名理论，是一种确定的短期利率调整的货币政策操作规则。它要求货币当局基于目标实际利率、目标通货膨胀率以及长期物价稳定目标而对本国货币供求进行调控。泰勒教授实证研究发现，在各种影响经济增长率和物价水平的因素中，实际利率是唯一能够与物价和经济增长保持长期稳定相关关系的变量，所以调整实际利率应当成为货币当局的主要政策操作方式。泰勒规则实质是保持实际短期利率稳定和中性政策立场，因而当产出缺口为正或负以及通胀缺口超过或低于目标值时，货币当局就应该进行提高或降低实际利率货币政策操作。

3.1.6 货币政策与财政政策的协同

在经济开放条件下，国家对市场经济的调控是以间接调控为主，而间接调控所依仗的政策手段除了货币政策外还有财政政策。财政政策是指国家根据宏观经济形势发展利用财政支出与税收政策来调节社会总需求。当政府支出增加或税收减少时，可以刺激总需求，从而增加国民收入；反之，当政府支出减少或税收增加时，则压抑需求，减少国民收入。财政政策也是国家整个经济政策的重要组成部分。货币政策和财政政策这两大类政策共同服务于宏观经济调控的总目标，尽管它们政策的着力点不同，但它们都是力求社会总供需在动态演化过程中使宏观经济运行逐步达到总量平衡和结构优化，从而使宏观经济持续、稳定、协调发展。

随着金融的全球化以及世界经济一体化，国内外经济运行的互动性与关联度大大加强，经济一体化的进程加速在给世界经济带来交易便利与灵活性，同时也带来了更多的风险和调控成本，因而经济运行的复杂程度大大提高了，宏观调控任务的复杂性显著增加，所以财政政策与货币政策加强协调配合的必要性和复杂性也显著增强。货币政策和财政政策协调配合首先应该从政策工具、政策时效、政策功能以及调控主体、层次、方式等四个方面对宏观经济调控目标、结构和需求的调控进行协调配合；其次，两大政策应该在需要协同领域内求同存异，提高协同的及时性与有效性；再次，要优化两大政策协同的机制、制度安排；最后，货币政策与财政政策协调的基点是通过政策效应的相互呼应和政策操作点的结合，而使两大政策共同发挥对宏观经济调节作用的最佳结合点。

3.2 货币政策作用机理

封闭经济和开放经济条件下宏观经济政策效应和作用机制通常运用 IS - LM 模型与 MF 模型来分析，并以 IS - LM 模型与 MF 模型所体现的政策作用机理作为货币当局政策选择的理论依据。下面利用 IS - LM、MF 模型分别来描述货币政策在封闭、开放条件下的作用机理，通过分析说明产品市场、货币市场、外汇市场的非均衡是常态，平衡只是一种特殊情况，因而为了实现各种市场均衡，货币政策当局不断调整货币政策组合来熨平市场非平衡给宏观经济带来的不利影响，所以货币政策传导系统一直处于非平衡的动态演化中。

3.2.1 IS–LM 模型结构

IS–LM 模型是英国经济学家希克斯和美国经济学家汉森在凯恩斯经济理论基础上提出的描述货币与产品市场之间相互联系的经济模型。

IS 曲线是描述产品市场平衡，即投资（I）=储蓄（S）时，利率和国民收入的组合轨迹。由于投资 I 是利率 i 的减函数，储蓄 S 是国民收入 Y 的增函数。当利率下降，那么国民收入和储蓄 S 就会增加，因而 IS 曲线的斜率为负，是一条从左上向右下倾斜的曲线。

LM 曲线是描述货币市场均衡时利率和国民收入的组合的轨迹。当货币需求＝货币供给时，得到 LM 曲线，即 $\frac{M}{P} = L_1(i) + L_2(Y)$。根据凯恩斯的观点，货币需求由交易性需求 $L_1(Y)$ 和投机性需求 $L_2(i)$ 之和构成。其中，$L_1(Y)$ 是收入的增函数，$L_2(i)$ 是利率的减函数，而 $\frac{M}{P}$ 是实际货币量，是由中央银行控制的外生变量。由于货币需求量与收入呈正向关系，而与利率和呈反向关系，因而 LM 曲线是一条斜率为正的直线。

IS、LM 两条曲线相交则表示产品市场和货币市场同时达到均衡，并决定了均衡的利率水平和收入水平。

3.2.2 IS–LM 模型下货币政策作用机理

凯恩斯认为货币政策是非中性的，即货币需求和利率主要受产品市场上的均衡收入影响，而投资和收入主要受货币市场上的均衡利率影响，因而产品市场和货币市场的相互联系和相互作用，均衡利率作为桥梁把货币经济和实物经济紧密地联系起来。IS–LM 模型作为凯恩斯主义宏观经济学的核心理论框架，把货币需求、货币供给、国民收入、利率、投资、消费、政府支出等多个变量放在同一模型下，架起了从产品市场到货币市场、从货币经济到实物经济之间的桥梁，为凯恩斯主义的经济政策作用机理分析提供理论框架工具。下面就利用 IS–LM 模型来分析货币政策的作用机理。

第3章 理论基础与研究假设

货币市场的均衡条件为货币供给（M）=货币需求（L），因而当货币需求量和货币供给量发生变动时，LM曲线就会移动。

货币需求L变动引起的LM曲线移动：

当货币需求增加时，均衡利率水平上升，进而投资和消费减少，国民收入也随之减少，故LM曲线向左移动；而当货币需求减少时，均衡利率水平下降，投资和消费增加，国民收入随之增加，故LM曲线向右移动。

货币供给变动M引起的LM曲线移动：

当供给变动增加时，均衡利率水平下降，进而投资和消费增加，国民收入随之增加，故LM曲线右移；当供给变动减少时，均衡利率水平上升，进而投资和消费减少，国民收入随之减少，故LM曲线左移。

若IS曲线不变，LM曲线右移，使均衡收入增加，均衡利率下降；LM曲线左移，使均衡收入减少，利率上升。

由于货币供给变动M是可以控制的，货币当局可以利用供给变动M变动对LM曲线的影响来进行相应货币政策操作的，调整过程如图3-1所示。

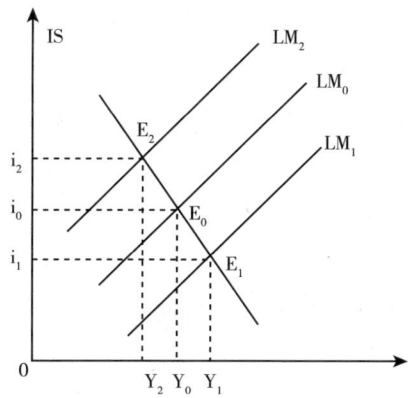

图3-1 IS-LM模型下货币政策作用机理

积极的货币政策导致货币供应量增加，货币市场迅速进行调节，居民利用债券交易减少货币存量，因而债券价格上涨，市场利率很快下调到货币市场的新均衡点 E_1，与此同时，产品市场会出现失衡，投资（I）大于储蓄（S），企业投资增加，国民收入增大，利率上调，沿着LM向右下方移动到新的均衡点,这时,新的收入利率组合为 Y_1 和 i_1,且 Y_1 大于 Y_0,i_1 小于 i_0。反之,若采取紧缩的货币政策,LM 曲线由 LM_0 向左移动至 LM_2,利率水平升高到 i_2,投资减少,收入水平降低到 Y_2,紧缩货币政策的调整是一个与扩张货币政策调整相反的过程。

3.2.3 MF 模型的结构

开放经济条件下一国的宏观经济通常是非均衡的,对于这种非均衡宏观经济的分析一般是通过蒙代尔—弗莱明模型即 MF 模型来进行的。蒙代尔—弗莱明模型是经济学家蒙代尔和弗莱明在封闭经济条件下的 IS – LM 模型基础上,引入了对外贸易和资本流动等开放因素后而提出的,是凯恩斯主义范式的宏观经济学的一个重要理论模型。该模型将 IS – LM 模型分析的内部均衡拓展至开放经济的一般均衡状态,为分析国际市场、货币市场、产品市场的一般均衡提供简便的理论框架工具。

MF 模型是在 IS – LM 模型上加入了 BP 曲线。BP 代表国际收支差额,一国外部均衡条件为国际收支差额为零,即 BP = 0。在资本不完全流动情况下,净出口 NX 是收入 Y 的减函数,国际收支曲线 BP 是一条正斜率的直线。当资本完全流动时,资本流动的交易成本为 0,则国际收支曲线 BP 是一条斜率为 0 的直线。当 IS、LM、BP 相交于一点时,则表示开放经济下,产品市场、货币市场、外汇市场同时达到均衡。

3.2.4 MF 模型下货币政策作用机理

3.2.4.1 固定汇率

在固定汇率制度下,BP 曲线不发生移动。当货币当局实施扩张货币政策时,货币供应量增加,则利率下降,投资需求上升,进而总需求增加,国民收入提高,因而进口增加和国际收支恶化,本币贬值,外部失衡。货币扩张使 LM_0 移动到 LM_1,与 IS_0 交于 E_1,E_1 位于 BP 线右方,经常项目赤字。由于汇率不变,为缓解本币贬值压力,货币当局不断抛出外部收回本币,货币供应量减少，国际收支赤字减少，利率也随之上升，同时投资与国民收入也减少，调整过程一直持续到恢复原状为止，调整过程如图 3-2 和图 3-3 所示。

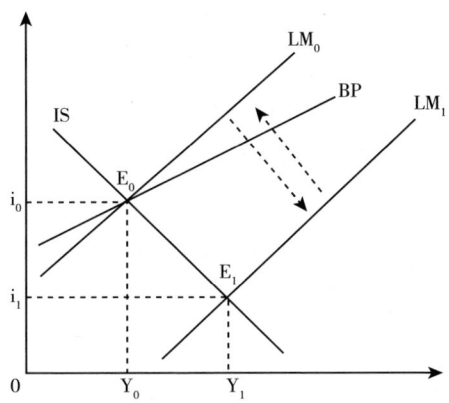

图 3-2　资本不完全流动下货币政策扩张

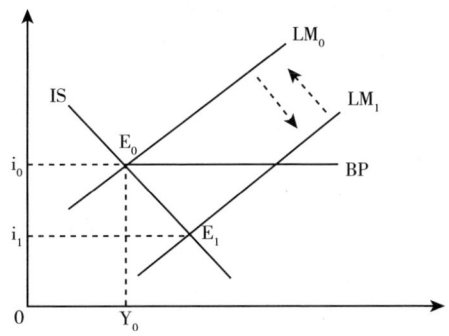

图 3-3　资本完全流动下货币政策扩张

3.2.4.2　浮动汇率

在开放经济下，货币政策发生变动，货币供应量随之变化，LM 曲线发生移动，并与 IS 曲线交于新的均衡点，然而导致国际收支却是失衡的。在浮动汇率制度下，经济调整机制是国际收支失衡所引起的汇率调整即货币贬值或升值，而不是货币供应量的调整，其次是汇率贬值能改善经常账户收支、提高国民收入，即 BP、IS 曲线右移。因此，在开放经济的浮动汇率制度下,货币政策不仅能直接改变 LM 曲线和汇率,而且能使 BP 曲线、IS 曲线发生移动,政策效果与 LM 曲线、BP 曲线的斜率有直接关系。

当货币当局实施扩张性的货币政策时,货币供应量增加,LM 曲线由 LM_0 右移动至 LM_1,与 IS_0 相交形成新的国内均衡点 E_1,但 E_1 在 BP 曲线右侧,因而出现国际收支赤字。在浮动汇率制下,国际收支赤字导致本币贬值,资本不完全流动下 BP 曲线、IS 曲线分别由 BP、IS_0 右移至 BP_1、IS_1,达到新的均衡点 E_2,均衡的收入为 Y_1,但对利率的影响不明确;在资本完全流动下,BP 曲线不变,而 IS 曲线由 IS_0 右移至 IS_1,达到新的均衡点 E_1,均衡的收入为 Y_1,利率不变。调整过程如图 3-4 和图 3-5 所示。

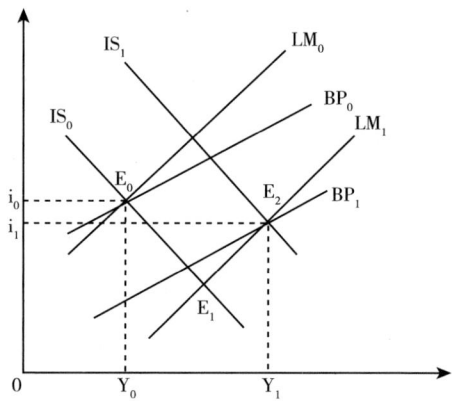

图 3-4 资本不完全流动下货币政策扩张

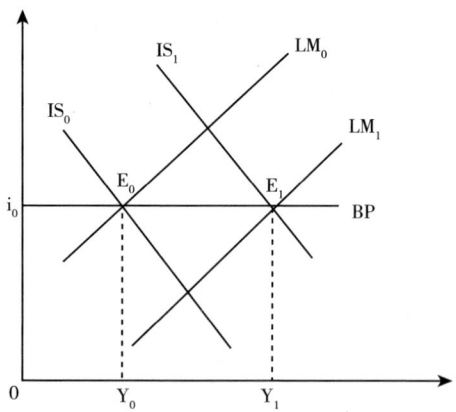

图 3-5 资本完全流动下货币政策扩张

3.2.5 宏观经济调整过程与货币政策传导系统的动态演化

商品市场和货币市场都是由供给和需求两方面的力量决定收入和价格的均衡，当两个市场的供给与需求都相等时，就形成稳定的均衡。但两个市场都均衡的状态是偶然的、暂时的，不均衡是必然的常态。商品市场和货币市场的供给与需求受多方面因素的影响，处于经常性的调整、变动之中，因而经济系统中重要参数也必然随时随地变化，而它们的变动也必然会使货币政策传导系统发生动态演化。下面利用经济模型来详细分析：由于来自外部的任何冲击都会使 IS 曲线或 LM 曲线移动，从而使经济出现非平衡，即货币市场出现货币超额供给或超额需求或是产品市场出现商品超额供给或超额需求。组合起来即为 IS 曲线与 LM 曲线把坐标曲面分成的四个 IS、LM 非平衡状态的区域（见图 3-6）。IS 不均衡会导致国民收入变动：投资大于储蓄会使国民收入上升，投资小于储蓄会使国民收入下降；LM 不均衡会导致利率变动：货币需求大于货币供给时会导致利率上升，货币需求小于货币供给时会导致利率下降。IS、LM 的非平衡可以通过市场机制或通过国家依靠经济政策进行调节，这种调整最终会使宏观经济系统趋向均衡利率和均衡收入。产品市场和货币市场的非平衡调整过程必然会使经济系统中重要经济变量如投资、储蓄、利率、国民收入、货币供给与需求、商品供给与需求等都必然会发生变化，而它们也是货币政策传导系

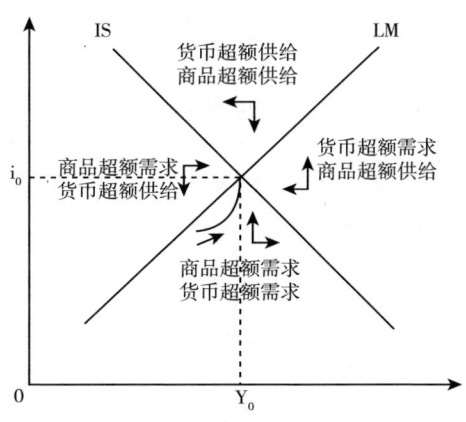

图 3-6 宏观经济向均衡点的调整过程

统的重要参变量，随着它们的不断调整，货币政策传导系统的制度结构、功能结构、运行结构也不断随之调整，从而致使整个货币政策传导系统也随之发生非平衡演化。

在 IS、LM 曲线的交点上虽然同时实现产品市场与货币市场的均衡，但这一均衡也不一定是充分就业的均衡。在图 3-7 中 E_0 所决定均衡利率和均衡收入分别为 i_0、Y_0，但是均衡收入 Y_0 低于充分就业收入 Y^*。这时仅靠市场机制自发调节无法实现充分就业均衡，政府可以通过实施扩张财政政策使 IS_0 右移至 IS_1，与 LM_0 相交于 E_2，达到充分就业，或者实施扩张货币政策 LM_0 右移至 LM_1，与 IS_0 相交于 E_1，来实现充分就业均衡。在上述政策的调节过程，政府支出、税收、货币供应量、利率、国民收入等经济变量发生改变，而它们同样也是货币政策传导系统的重要参变量，也必然会导致货币政策传导系统发生动态演化。

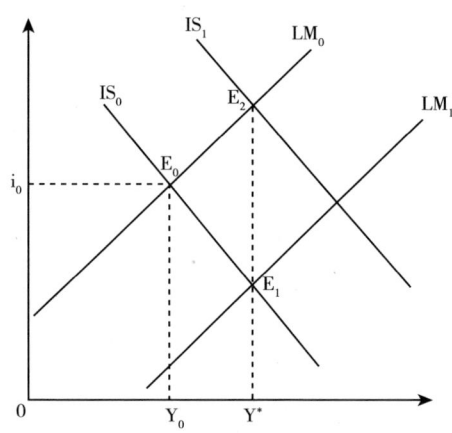

图 3-7　宏观经济向充分就业均衡点的调整过程

在开放经济下，经济系统由于涉及汇率、净出口、净资本、国际收支等经济变量，经济失衡的调整则更加复杂。调整的政策工具有改变总需求政策（财政与货币政策）、调节支出结构政策（贸易、汇率）、抵消国际收支盈余或赤字的其他金融政策等，这些政策实施和执行不仅会带动 IS、LM、BP 曲线移动，而且会使汇率、净出口、净资本、利率、资产价格、货币供应量资本、利率、资产价格、货币供应量、国民收入等产生波动，也必然会更进一步推动货币政策传导系统动态演化。综合上述分析可以看出，无论是封闭经济还是开放经济条件下，宏观经济向均衡点的调整过程其实质就是货币政策传导系统的不断动态演化过程。

3.3 开放条件下宏观经济系统的可控性

现实经济系统的本质是动态演化的，随着时间进程，各种经济变量不断进行调整，如价格、税率、利率、汇率、投资、消费、政府支出、净出口、总需求、总供给等经济变量都在随着时间不断变化，各经济变量调整的时延和调整本身都会对经济系统的动态演化产生影响，致使经济系统也出现各种非均衡状态和波动。为了熨平经济失衡和波动对宏观经济的负面影响，政府必须根据经济发展形势来设计宏观经济政策，以期有效控制经济系统演化。这就是经济系统动态模型的控制问题的切入点，也是本节研究的出发点。

目前用经济控制论来研究经济系统动态模型控制问题已有一些研究成果。文献[21]利用我国统计数据，建立了一个修正的萨缪尔森乘数—加速数模型。在此基础上，对我国宏观经济系统的稳定性、能观性、能控性进行了讨论。文献[22]把动态分析引入总需求—总供给模型对宏观经济作出深入分析，利用无模型控制在动态的总需求—总供给模型进行宏观经济政策设计。文献[22,23,24]在IS－LM模型的基础上，对封闭经济下宏观经济政策的设计和控制进行了研究。但上述研究成果都是建立在封闭经济模型情况下的，由于实际经济系统是一个开放的动态系统，必然受到外部经济系统的影响，因此现有经济系统模型必须进行拓展，引入国际市场，以更符合经济实际。因而研究开放经济条件下宏观经济政策的控制策略问题十分必要。

本节将静态的蒙代尔—弗莱明模型动态化，在此基础上研究了开放经济条件下宏观经济政策的控制策略问题。为此先证明动态化蒙代尔—弗莱明模型的能控性、能达性、能观性，然后给出模型纯增益反馈控制律的解析解，并且指出控制律的解析解的政策含义。

3.3.1 MF动态模型建立

通常的蒙代尔—弗莱明模型是由商品市场、货币市场、国际市场分别达到供需均衡而组成的静态模型,但现实经济系统的本质是动态演化的,也就是说,商品市场、货币市场、国际市场都是供需非均衡的。当商品市场供需非均衡时,市场对总供给会相应调整;货币市场供需非均衡,市场会通过利率传导相应调整货币供求;国际市场供需非均衡,市场会通过实际汇率的传导调整国际需求。下面先构造MF的动态模型,并利用该动态模型来研究开放条件下宏观经济政策的控制策略问题。

3.3.1.1 产品市场

(1) 总需求方程:
$$D_t = C_t + I_t + G_t + NX_t \tag{3-1}$$
其中,D_t 为 t 期的总需求,它是由 t 期的消费需求 C_t、投资需求 I_t、政府支出需求 G_t、净出口支出需求 NX_t 四个部分组成。

(2) 消费函数:
$$C_t = \overline{C} + bY_{t-1}^d, \quad 0 < b < 1 \tag{3-2}$$
其中,Y_{t-1}^d 为 t-1 期的可支配收入,$\overline{C}$、b 分别为自发性消费水平、边际消费倾向。

(3) 可支配收入方程:
$$Y_t^d = Y_t - T_t + \overline{TR}_t \tag{3-3}$$
其中,T_t 为 t 期税收,$\overline{TR}$ 为政府的转移支付。

(4) 税收方程:
$$T_t = \tau Y_t, \quad 0 < \tau < 1 \tag{3-4}$$
其中,τ 为边际税率。

(5) 投资函数:
$$I_t = \overline{I} + k(C_t - C_{t-1}) - hi_t, \quad k > 0, h > 0 \tag{3-5}$$
其中,i_t 为 t 期的利率。

(6) 总供给方程:

$$\Delta Y_t = Y_{t+1} - Y_t = e(D_t - Y_t), \quad 0 < e < 1 \quad (3-6)$$

总供给调节方程表明,当商品市场供不应求($D_t > Y_t$)时,生产者将增加生产,导致下期总供给增加;反之,当商品市场供过于求($D_t < Y_t$)时,库存增加、生产者将减少生产,导致下期总供给减少。

3.3.1.2 货币市场

(1) 货币总需求函数:

$$L_t = \bar{L} + \alpha Y_t - \beta i_t, \quad \alpha > 0, \quad \beta > 0 \quad (3-7)$$

其中,$\bar{L}$ 自发性货币需求。

(2) 利率调节方程:

$$\Delta i_t = i_{t+1} - i_t = g(L_t - M_t), \quad 0 < g < 1 \quad (3-8)$$

利率调节方程表明,当货币市场供不应求($L_t > M_t$)时,导致下期利率上升;反之,当货币市场供过于求($L_t < M_t$)时,导致下期利率下降。

3.3.1.3 国际市场

(1) 净出口函数:

$$NX_t = \bar{q} - \gamma Y_t + n\frac{EP_f}{P}, \quad \bar{q} > 0, \quad \gamma > 0, \quad n > 0 \quad (3-9)$$

其中,$\bar{q}$ 为自发性净出口水平,$\bar{q}$、γ、n 均为外生参数,$\frac{EP_f}{P}$ 为实际汇率,为简化讨论设其为 E_t,即表示 t 期的实际汇率。

(2) 实际汇率调节方程:

$$\Delta E_t = E_{t+1} - E_t = sBP_t = s(NX_t - F_t) \quad 0 < s < 1 \quad (3-10)$$

其中,BP_t 为 t 期国际收支差额,其值为净出口 NX_t 和净资本流出 F_t 的差额。实际汇率调节方程表明,当国际收支顺差($NX_t > F_t$)时,导致下期实际汇率上升;反之,当国际收支逆差($NX_t < F_t$)时,导致下期实际汇率下降。

3.3.1.4 MF 模型的控制目标和变量

在模型中，政府决策者调控目标有以下 3 个：一是希望总需求或总产出 Y_t 按一个给定增长率 δ 增长，即 Y_t 趋向计划总供给 Y^*，Y^* 按给定增长率 δ 增长；二是利率稳定在给定水平，即名义利率 i_t 趋向一个适当的利率 i^*；三是汇率稳定在给定水平，即实际汇率 E_t 趋向一个适当的汇率 E^*。即 $Y_t^* = Y_0^*(1+\delta)^t$，$0 < \delta < 1$，$Y_0^* > 0$；$i_t \to i^*$；$E_t \to E^*$。

根据本模型控制目标和纯增益反馈控制律设计要求控制输出变量为 $y(t)$，写成矢量形式：$y(t) = (Y_t - Y_t^*, i_t - i^*, E_t - E^*)^T$。

在模型中，政府支出需求 G_t、货币发行量 M_t、净资本流出 F_t 为政策变量，并且分别称其为财政政策变量、货币政策变量、汇率政策变量，是模型控制输入变量，把它写成矢量形式为：$u(t) = (G_t, M_t, F_t)^T$。

模型中 t 期消费 C_t、t 期投资 I_t、t 期总产出 Y_t、t 期利率 i_t、t 期实际汇率 E_t 为本模型的状态变量。把它写成矢量形式为：$x(t) = (C_t, I_t, Y_t, i_t, E_t)^T$。

模型中自发性消费 $\overline{C}$、政府的转移支付 $\overline{TR}$、自发性投资 $\overline{I}$、自发性货币需求 $\overline{L}$、计划总供给 Y^*、要稳定的目标利率 i^*、要稳定的目标汇率 E^* 都是系统中的干扰输入变量。把它写成矢量形式为：$w(t) = (\overline{C} + b\overline{TR}, \overline{I}, \overline{L}, \overline{q}, Y_t^*, i^*, E^*)^T$。

3.3.1.5 MF 模型的状态空间形式

把式（3-3）和式（3-4）代入式（3-2）可得：

$$C_{t+1} = (\overline{C} + b\overline{TR}) + b(1-\tau)Y_t \tag{3-11}$$

把式（3-7）代入式（3-8）得：

$$i_{t+1} = \alpha g Y_t + (1-\beta g)i_t - gM_t + g\overline{L} \tag{3-12}$$

把式（3-11）、式（3-13）代入式（3-15）可得：

$$I_{t+1} = -kC_t + [kb(1-\tau) - \alpha gh]Y_t - (1-\beta g)hi_t + ghM_t$$
$$+ k(\overline{C} + b\overline{TR}) - gh\overline{L} + \overline{I} \tag{3-13}$$

把式（3-1）、式（3-9）代入式（3-6）可得：

第 3 章 理论基础与研究假设

$$Y_{t+1} = eC_t + eI_t + (1 - e - e\gamma)Y_t + enE_t + eG_t + \overline{eq} \tag{3-14}$$

把式 (3-9) 代入式 (3-10) 可得：

$$E_{t+1} = -s\gamma Y_t + (sn + 1)E_t + \overline{sq} - sF_t \tag{3-15}$$

由式 (3-11)、式 (3-12)、式 (3-13)、式 (3-14)、式 (3-15) 构成如下 MF 模型的动态系统：

$$\begin{cases} C_{t+1} = b(1-\tau)Y_t + (\overline{C} + b\,\overline{TR}) \\ I_{t+1} = -kC_t + [kb(1-\tau) - \alpha gh]Y_t - (1-\beta g)hi_t \\ \qquad\quad + ghM_t + k(\overline{C} + b\,\overline{TR}) - \overline{ghL} + \overline{I} \\ Y_{t+1} = eC_t + eI_t + (1 - e - e\gamma)Y_t + enE_t + eG_t + \overline{eq} \\ i_{t+1} = \alpha g Y_t + (1-\beta g)i_t - gM_t + \overline{gL} \\ E_{t+1} = -s\gamma Y_t + (sn+1)E_t + \overline{sq} - sF_t \end{cases} \tag{3-16}$$

MF 模型的状态空间形式：

$$\begin{cases} x(t+1) = Ax(t) + Bu(t) + Nw(t) \\ y(t+1) = Cx(t) + Tu(t) + Dw(t) \\ w(t+1) = Mw(t) \end{cases} \tag{3-17}$$

其中，状态空间第一个方程为系统装置方程，第二方程为系统的输出误差方程，第三个方程为系统的外扰模型方程。

MF 模型的状态空间形式中系数矩阵如下：

$$A = \begin{bmatrix} 0 & 0 & b(1-\tau) & 0 & 0 \\ -k & 0 & kb(1-\tau) - \alpha hg & -(1-\beta g)h & 0 \\ e & e & 1 - e - e\gamma & 0 & en \\ o & o & \alpha g & 1 - \beta g & 0 \\ 0 & 0 & -s\gamma & 0 & sn+1 \end{bmatrix}$$

$$B = \begin{bmatrix} 0 & 0 & 0 \\ 0 & gh & 0 \\ e & 0 & 0 \\ 0 & -g & 0 \\ 0 & 0 & -s \end{bmatrix} \quad N = \begin{bmatrix} 1 & 0 & 0 & 0 & 0 & 0 \\ k & 1 & -hg & 0 & 0 & 0 \\ 0 & 0 & 0 & e & 0 & 0 \\ 0 & 0 & g & 0 & 0 & 0 \\ 0 & 0 & 0 & s & 0 & 0 \end{bmatrix}$$

$$M = \begin{bmatrix} 1 & 0 & 0 & 0 & 0 & 0 & 0 \\ 0 & 1 & 0 & 0 & 0 & 0 & 0 \\ 0 & 0 & 1 & 0 & 0 & 0 & 0 \\ 0 & 0 & 0 & 1 & 0 & 0 & 0 \\ 0 & 0 & 0 & 0 & 1+\delta & 0 & 0 \\ 0 & 0 & 0 & 0 & 0 & 1 & 0 \\ 0 & 0 & 0 & 0 & 0 & 0 & 1 \end{bmatrix} \quad C = \begin{bmatrix} 0 & 0 & 1 & 0 & 0 \\ 0 & 0 & 0 & 1 & 0 \\ 0 & 0 & 0 & 0 & 1 \end{bmatrix}$$

$$T = \begin{bmatrix} 0 & 0 & 0 \\ 0 & 0 & 0 \\ 0 & 0 & 0 \end{bmatrix} \quad D = \begin{bmatrix} 0 & 0 & 0 & 0 & -1 & 0 & 0 \\ 0 & 0 & 0 & 0 & 0 & -1 & 0 \\ 0 & 0 & 0 & 0 & 0 & 0 & -1 \end{bmatrix}$$

3.3.2 MF 动态模型的系统分析

一个实际经济系统,总希望输入信号能够对状态实行完全控制,从而使系统具有预期的动态性能。因而经济系统必须具备能控性、能达性、能观性等结构特性。

3.3.2.1 系统能控性和能达性

定理 3-1 MF 动态系统具有能控性和能达性。

证明:设 $B = [b_1 \quad b_2 \quad b_3]$,其中 b_i 为矩阵 B 的列向量,由 b_3、Ab_1、A^2b_1、A^2b_2、A^2b_3 组成矩阵 D:

$$D = \begin{bmatrix} 0 & eb(1-\tau) & b(1-\tau)(1-e-e\gamma)e & eb(1-\tau)gh & -b(1-\tau)ens \\ 0 & [kb(1-\gamma)-\alpha hg]e & T_1 & T_3 & T_4 \\ 0 & (1-e-e\gamma)e & T_2 & (2-e-e\gamma-\beta g)ehg & -(2-e-e\gamma+sn)ens \\ 0 & \alpha ge & (2-e-e\gamma-\beta g)\alpha ge & [\alpha geh-(1-\beta g)^2]g & -\alpha gens \\ -s & -s\gamma e & -(2-e-e\gamma+sn)s\gamma e & -s\gamma egh & -[-ens\gamma+(sn+1)^2]s \end{bmatrix}$$

其中 $T_1 = [-kbe(1-\tau)(1+\gamma) - \alpha hg(2-e-e\gamma-\beta g)]e$

$T_3 = [kbe(1-\tau) - \alpha hge + (1-\beta g)^2]hg$

$T_2 = [eb(1-\tau)(k+1) - \alpha hge + (1-e-e\gamma)^2 + ens\gamma]e$

$$T_4 = -[kb(1-\tau) - \alpha hg]ens$$

计算矩阵 D 的行列式得到：

$$\det(D) = e^3 s^2 gb^2 kn(1-\tau)^2(-1+\beta g)^2(sn+1)$$

当 $sn+1 \neq 0$, $\beta g \neq 1$ 时，则 $\text{rank}(D) = 5$。

$$\text{rank}(Q_c) = \text{rank}[B \quad AB \quad A^2B \quad A^3B \quad A^4B] = \text{rank}(D) = 5$$

能控矩阵 Q_c 的秩为 5，MF 动态系统具有能控性，因而也具有能达性。

3.3.2.2 系统能观性

定理 3-2 MF 动态系统具有能观性。

证明：设 $C = [c_1 \quad c_2 \quad c_3]^T$，其中 c_i 为矩阵 C 的列向量，由 c_1、c_2、c_3、c_1A、c_1A^2 组成矩阵 H：

$$H = \begin{bmatrix} 0 & 0 & 1 & 0 & 0 \\ 0 & 0 & 0 & 1 & 0 \\ 0 & 0 & 0 & 0 & 1 \\ e & e & 1-e-e\gamma & 0 & en \\ (1-e-e\gamma-k)e & (1-e-e\gamma)e & T_5 & e(-1+\beta g)h & en(2-e-e\gamma+sn) \end{bmatrix}$$

其中 $T_5 = e[b(1+k)(1-\tau) - \alpha hg - \gamma sn] + (1-e-e\gamma)^2$。

计算矩阵 H 的行列式得到：$\det(H) = e^2 k$，所以 $\text{rank}(H) = 5$。

$$\text{rank}(Q_o) = \text{rank}[C \quad CA \quad CA^2 \quad CA^3 \quad CA^4]^T = \text{rank}(H) = 5$$

能控矩阵 Q_o 的秩为 5，所以 MF 动态系统具有能控性。

MF 动态系统的状态 $x(t)$ 具有完全能控性、能达性、能观性，根据控制理论，MF 模型的闭环系统可以任意配置极点，从而使闭环系统渐进稳定而且有满意的动态性能。

3.3.3 MF 动态系统控制律的设计

由于 MF 动态系统有外部干扰输入 $w(t)$，可以设计该系统的纯增益反馈控制器 $u(t)$，使 MF 闭环控制系统渐进稳定，并达到输出调节，即输出趋向于 0，即：

$$\lim_{t\to\infty} y(t+1) = \lim_{t\to\infty}(Cx(t) + Tu(t) + Dw(t)) = 0 \qquad (3-18)$$

状态反馈控制律为：

$$u(t) = F_x x(t) + F_w w(t) \qquad (3-19)$$

其中 F_x、F_w 分别为镇定矩阵和伺服矩阵。这时闭环系统的状态方程为：

$$\begin{cases} x(t+1) = (A - BF_x)x(t) + Bu(t) + (N - BF_w)w(t) \\ y(t+1) = Cx(t) + Tu(t) + Dw(t) \\ w(t+1) = Hw(t) \end{cases} \qquad (3-20)$$

根据 MF 动态系统控制目标是使 MF 模型闭环系统渐进稳定，所以镇定矩阵 F_x 的设计原则是使闭环 $A + BF_x$ 为渐进稳定矩阵且有满意的闭环动态响应过程，即 $A + BF_x$ 的特征值全在复平面单位圆内；伺服矩阵 F_w 的设计原则是实现闭环系统输出误差静态值为 0，根据闭环系统静态无差的装置条件[24,25]可以推出 F_w 满足 $N = AE - EM + B(F_x E - F_w)$，$D = CE$。其中 E 为 5×7 阶未知矩阵。下面给出 MF 模型的动态系统的纯增益反馈控制律的解析解。

3.3.3.1 求解 F_x

由于 MF 模型的动态系统的状态 $x(t)$ 具有完全可控性和能达性，MF 模型的闭环系统可以任意配置极点，从而使 MF 模型的闭环系统渐进稳定。根据镇定矩阵 F_x 的设计原则，$A + BF_x$ 的特征值为复平面单位圆内任意给定 5 个极点 $\{\lambda_1, \lambda_2, \lambda_3, \lambda_4, \lambda_5\}$。

为简化问题的讨论令，$\lambda_1 = \lambda_2 = 0$，$|\lambda_i| < 1$，$i = 3, 4, 5$，$\lambda_i$ 为实数。

设 $F_x = \begin{bmatrix} f_{11} & f_{12} & f_{13} & f_{14} & f_{15} \\ f_{21} & f_{22} & f_{23} & f_{24} & f_{25} \\ f_{31} & f_{23} & f_{33} & f_{34} & f_{35} \end{bmatrix}$，

为使闭环 $A + BF_x$ 为渐进稳定矩阵且有满意的闭环动态响应过程，可取：

$$F_x = \begin{bmatrix} -1 & -1 & f_{13} & 0 & -n \\ 0 & 0 & a & f_{24} & 0 \\ 0 & 0 & -i & 0 & f_{35} \end{bmatrix}。$$

第 3 章 理论基础与研究假设

MF 模型的闭环系统特征多项式为:

$$|\lambda I - A - BF_x| = \begin{bmatrix} \lambda & 0 & -b(1-\tau) & 0 & 0 \\ -k & \lambda & -kb(1-\tau) & (1-\beta g + gf_{24})h & 0 \\ 0 & 0 & \lambda-(1-e-e\gamma+ef_{13}) & 0 & 0 \\ 0 & 0 & 0 & \lambda-1+g(j+f_{24}) & 0 \\ 0 & 0 & 0 & 0 & \lambda-1-sn-sf_{35} \end{bmatrix}$$

$$= \lambda^2 [\lambda - (1 - e - e\gamma + ef_{33})][\lambda - 1 + g(\beta + f_{24})](\lambda - 1 - sn + sf35)$$

$$= \lambda^2 (\lambda - \lambda_3)(\lambda - \lambda_4)(\lambda - \lambda_5)$$

则 $\lambda_1 = \lambda_2 = 0$,$\lambda_3 = 1 - e - e\gamma + ef_{13}$,$\lambda_4 = 1 - g(\beta + f_{24})$,$\lambda_5 = 1 + sn - sf_{35}$。其中 f_{13}、f_{24}、f_{35} 取值分别使 $|\lambda_3| < 1$,$|\lambda_4| < 1$,$|\lambda_5| < 1$。

3.3.3.2 求解 F_w

根据 F_w 的设计原则,F_w 满足 $N = AE - EM + B(F_x E - F_w)$,$D = CE$。其中 E 为 5×7 阶未知矩阵。设 $F_x E - F = Q$,Q 为 3×7 矩阵。则有下面矩阵方程:

$$\begin{cases} AE - EM + BQ = N \\ CE = D \end{cases} \quad (3-21)$$

(1) 对矩阵 C、E、D 其中作以下分块:$C = [0_{23} \quad I_3]$、$E = \begin{bmatrix} E_{11} & E_{12} \\ E_{21} & E_{22} \end{bmatrix}$、$D = [0_{32} \quad -I_3]$。$E_{11}$、$E_{12}$、$E_{21}$、$E_{22}$ 分别为 2×4、2×3、3×4、3×3 阶矩阵,零矩阵的脚码为其阶数,I 为单位矩阵,脚码为其阶数。由 $CE = D$ 可得:

$$\begin{bmatrix} 0_{23} & I_3 \end{bmatrix} \begin{bmatrix} E_{11} & E_{12} \\ E_{21} & E_{22} \end{bmatrix} = \begin{bmatrix} 0_{34} & -I_3 \end{bmatrix} \quad (3-22)$$

解得:$[E_{21} = 0_{34}, E_{22} = -I_3]$。

(2) 对矩阵 A、B、M、N、Q 作以下分块:$A = \begin{bmatrix} A_{11} & A_{12} \\ A_{21} & A_{22} \end{bmatrix}$,$B = \begin{bmatrix} B_{11} \\ B_{21} \end{bmatrix}$、$M = \begin{bmatrix} I_4 & 0_{43} \\ 0_{34} & M_{22} \end{bmatrix}$,$N = \begin{bmatrix} N_{11} & 0_{23} \\ N_{21} & 0_{33} \end{bmatrix}$、$Q = [Q_{11} \quad Q_{12}]$。其中 A_{11}、A_{12}、A_{21}、

A_{22}、B_{11}、B_{21}、N_{11}、N_{21}、Q_{11}、Q_{12}、M_{22} 分别为 2×2、2×3、3×2、3×3、2×3、3×3、2×4、3×4、3×4、3×3、3×3 阶矩阵。由 $AE - EM + BQ = N$ 可得:

$$\begin{bmatrix} A_{11}E_{11} - E_{11} + B_{11}Q_{11} & A_{12}E_{12} - A_{12} - E_{12}M_{22} + B_{11}Q_{12} \\ A_{21}E_{11} + B_{12}Q_{11} & A_{12}E_{12} - A_{12} + M_{22} + B_{12}Q_{12} \end{bmatrix} = \begin{bmatrix} N_{11} & 0_{23} \\ N_{21} & 0_{33} \end{bmatrix}。$$

由此可得: $\begin{cases} A_{11}E_{11} - E_{11} + B_{11}Q_{11} = N_{11} \\ A_{21}E_{11} + B_{21}Q_{11} = N_{21} \end{cases}$ （3 - 23）

$\begin{cases} A_{11}E_{12} - A_{12} - E_{12}M_{22} + B_{11}Q_{12} = 0_{23} \\ A_{21}E_{12} - A_{22} + M_{22} + B_{21}Q_{12} = 0_{33} \end{cases}$ （3 - 24）

由式 (3 - 23) 得: $\begin{bmatrix} A_{11} - I_2 & B_{11} \\ A_{21} & B_{21} \end{bmatrix} \begin{bmatrix} E_{11} \\ Q_{11} \end{bmatrix} = \begin{bmatrix} N_{11} \\ N_{21} \end{bmatrix}$ （3 - 25）

解得: $E_{11} = \begin{bmatrix} -1 & 0 & 0 & 0 \\ 0 & -1 & 0 & 0 \end{bmatrix}$, $Q_{11} = \begin{bmatrix} 1 & 1 & 0 & 1 \\ 0 & 0 & -1 & 0 \\ 0 & 0 & 0 & -1 \end{bmatrix}$。

由式 (3 - 24) 中第一式得: $Q_{12} = B_{21}^{-1}(A_{22} - M_{22} - A_{21}E_{12})$ （3 - 26）

把式 (3 - 24) 代入式 (3 - 24) 中第二式得:

$(A_{11} - B_{11}B_{21}^{-1}A_{21})E_{12} - E_{12}M_{22} = A_{12} - B_{11}B_{21}^{-1}(A_{22} - M_{22})$ （3 - 27）

把分块矩阵分别代入式 (3 - 27) 化简得到以下 Sylvester 型方程:

$$\begin{bmatrix} 0 & 0 \\ -k & 0 \end{bmatrix} E_{12} - E_{12}M_{22} = \begin{bmatrix} b(1-\tau) & 0 & 0 \\ kb(1-\tau) & -h & 0 \end{bmatrix}$$ （3 - 28）

解得: $E_{12} \begin{bmatrix} \dfrac{-b(1-\tau)}{1+\delta} & 0 & 0 \\ \dfrac{-k\delta b(1-\tau)}{(1+\delta)^2} & h & 0 \end{bmatrix}$ （3 - 29）

把 E_{12} 代入式 (3 - 4) 得到:

$$Q_{12} = \begin{bmatrix} \dfrac{T_6}{e} & -h & n \\ -\alpha & \beta & 0 \\ \gamma & 0 & -n \end{bmatrix}$$ （3 - 30）

其中, $T_6 = -e - e\gamma - \delta + \dfrac{eb(1-\tau)(1+\delta+k\delta)}{(1+\delta)^2}$。

这样求得未知矩阵 Q、E 如下：

$$Q = \begin{bmatrix} 1 & 1 & 0 & 1 & \dfrac{T_6}{e} & -h & n \\ 0 & 0 & -1 & 0 & -\alpha & \beta & 0 \\ 0 & 0 & 0 & -1 & \gamma & 0 & -n \end{bmatrix},$$

$$E = \begin{bmatrix} -1 & 0 & 0 & 0 & \dfrac{-b(1-\tau)}{1+\delta} & 0 & 0 \\ 0 & -1 & 0 & 0 & \dfrac{-k\delta b(1-\tau)}{(1+\delta)^2} & h & 0 \\ 0 & 0 & 0 & 0 & -1 & 0 & 0 \\ 0 & 0 & 0 & 0 & 0 & -1 & 0 \\ 0 & 0 & 0 & 0 & 0 & 0 & -1 \end{bmatrix}。$$

由于 $F_x E - F_w = Q$，因此 $F_w = F_x E - Q$，把矩阵 F_x、E、Q 的结果代入可得：

$$F_w = \begin{bmatrix} 0 & 0 & 0 & -1 & 1+\gamma+\dfrac{\delta}{e}-f_{13} & 0 & 0 \\ 0 & 0 & 1 & 0 & 0 & -\beta-f_{24} & 0 \\ 0 & 0 & 0 & 1 & 0 & 0 & n-f_{35} \end{bmatrix}。$$

镇定矩阵 F_x、伺服矩阵 F_w 已经求出，把它们代入控制律 $u(t) = F_x x(t) + F_w w(t)$，可得控制律的解析解如下：

$$\begin{cases} G_t = -C_t - I_t + f_{13} Y_t - nE_t - \bar{q} + \left(1+\gamma+\dfrac{\delta}{e}-f_{13}\right) Y^* \\ M_t = \alpha Y_t + f_{24} i_t + \bar{L} - (\beta + f_{24}) i^* \\ F_t = -\gamma Y_t + f_{35} E_t + \bar{q} + (n - f_{35}) E^* \end{cases} \quad (3-31)$$

把上述结果代入 MF 模型的动态系统可得到：

$$\begin{cases} Y_{t+1} - Y_{t+1}^* = (1 - e - e\gamma - ef_{13})(Y_t - Y_t^*) \\ i_{t+1} - i^* = (1 - \beta g - gf_{24})(i_t - i^*) \\ E_{t+1} - E^* = (1 + sn + sf_{35})(E_t - E^*) \end{cases} \quad (3-32)$$

进一步可得出：

$$\begin{cases} Y_t - Y_t^* = (1 - e - e\gamma - ef_{13})^t (Y_0 - Y_0^*) \\ i_t - i^* = (1 - \beta g - gf_{24})^t (i_0 - i^*) \\ E_t - E^* = (1 + sn - sf_{35})^t (E_0 - E^*) \end{cases} \quad (3-33)$$

由于 $\lambda_3 = 1 - e - e\gamma - ef_{13}$，$\lambda_4 = 1 - \beta g - gf_{24}$，$\lambda_5 = 1 + sn - sf_{35}$ 的模小于 1。

即 $|\lambda_i| < 1$（$i = 3, 4, 5$），所以有：

$$\lim_{t \to \infty}(Y_t - Y^*) = 0, \lim_{t \to \infty}(i_t - i^*) = 0, \lim_{t \to \infty}(E_t - E^*) = 0 \quad (3-34)$$

即 $\lim_{t \to \infty} y(t+1) = 0$

MF 动态系统可以通过设计纯增益反馈控制器 $u(t)$，使 MF 模型的闭环控制系统渐进稳定，并达到输出调节，可以有效实现控制目标。

3.3.4 政策含义

把 MF 动态系统的纯增益反馈控制器 $u(t)$ 解析解作如下变换：

$$G_t = -C_t - I_t + f_{13}Y_t - nE_t - \bar{q} + \left(1 + \gamma + \frac{\delta}{e} - f_{13}\right)Y^*$$

$$= Y_t - C_t - I_t - NX_t - (1 + \gamma - f_{13})(Y_t - Y^*) + \frac{\delta}{e}Y^* \quad (3-35)$$

$$M_t = \alpha Y_t + f_{24}i_t + \bar{L} - (\beta + f_{24})i^* = L_t + (\beta + f_{24})(i_t - i^*) \quad (3-36)$$

$$F_t = -\gamma Y_t + f_{35}E_t + \bar{q} + (n - f_{35})E^* = NX_t - (n - f_{35})(E_t - E^*) \quad (3-37)$$

根据前面假设可知：

$$1 + \gamma + f_{13} = \frac{1 - \lambda_3}{e} > 0, \quad \beta + f_{24} = \frac{1 - \lambda_4}{g} > 0, \quad f_{35} - n = \frac{1 - \lambda_5}{s} > 0。$$

MF 动态系统的纯增益反馈控制器 $u(t)$ 解析解有很强的政策含义：由式（3-35）可知，政府支出 G_t 的调节机制是：在实际总供给扣除消费、投资、净出口需求（$Y_t - C_t - I_t - NX_t$）的基础上，与计划总供给 Y^* 同向变化，与实际总供给偏离计划总供给（$Y_t - Y^*$）反向变化；由式（3-36）可知，货币供给 M_t 的调节机制是：在货币需求的基础上，与实际利率偏离计划利率（$i_t - i^*$）同向变化；由式（3-37）可知，净资本流出 F_t 的调节机制是，在净出口需求的基础上，与实际汇率偏离计划汇率（$E_t - E^*$）同向变化。因而实施合理货币政策能实现对宏观经济系统运行的有效控制。

3.3.5 仿真分析

为验证所设计的纯增益反馈控制律对动态蒙代尔－弗莱明系统控制的有效性，利用数字算例对动态蒙代尔－弗莱明系统演化过程控制进行仿真，仿真工具为 MATLAB2018。

3.3.5.1 仿真参数设置与数据说明

为充分体现和仿真式（3-32）所设计控制律对动态蒙代尔－弗莱明系统控制的有效性，对系统（3-19）共涉及22个参变量的设置做如下说明：第一，参变量所赋的值必须满足参数的经济意义和模型要求；第二，参变量所赋的值必须体现动态蒙代尔－弗莱明系统作为刻画开放经济系统框架工具的一般性，即参数除了满足条件一之外任意选取也能实现对系统的有效控制；第三，参变量所赋的值应选取使得动态蒙代尔－弗莱明系统产生剧烈波动和失衡状态数值，才能更好说明式（3-32）所设计控制律对动态蒙代尔－弗莱明系统控制的有效性以及本文理论分析。为此，对系统（3-19）中参数做如下设置：

表 3-1   蒙代尔－弗莱明模型控制仿真参数设置

参数	b	τ	k	α	β	h	e	s	g	γ	n
数值	0.4	0.18	3.7	0.2	50	60	0.056	0.005	0.002	4.17	9.8
参数	δ	λ_3	λ_4	λ_5	i_0	$\overline{TR}$	$\overline{q}$	$\overline{L}$	$\overline{I}$	$\overline{G}$	$\overline{C}$
数值	0.05	0.6	0.7	0.85	0.02	0.625	0.6	1	0.7	1	1

上述设置中 $\overline{TR}$、$\overline{q}$、$\overline{L}$、$\overline{I}$、$\overline{G}$、$\overline{C}$ 的单位为百亿元。在上述设置下，系统的状态变量 $x(t)=(C_t, I_t, Y_t, i_t, E_t)^T$ 的初始值为 $(1, 0.7, 3, 0.02, 5)^T$，其中消费 C_t、投资 I_t、总产出 Y_t 的单位均为百亿元，汇率 E_t 的单位为元。系统的干扰输入变量 $w(t)$ 的初始值为 $(1.25, 0.7, 1, 0.6, 3, 0.005, 6)^T$。而政府调控目标：（1）总产出 Y_t 按照预先给定增长率 δ 增长，即总产出 Y_t 趋向计划总供给 $Y^* = 3 \times (1+0.05)^t$。（2）利

率稳定在预先给定水平,即利率 i_t 趋向给定利率 $i^* = 0.005$。(3) 实际汇率稳定在预先给定水平,即 E_t 趋向给定汇率水平 $E^* = 6$ 元。

3.3.5.2 仿真结果分析

在上述参数设置下,蒙代尔-弗莱明系统的仿真效果如图 3-8 所示。从图 3-8 可以看出,在无控制条件下,除干扰变量 $\overline{C} + b\overline{TR}$(系统的常量)保持不变外,系统的消费 C_t、投资 I_t、总产出 Y_t、利率 i_t、汇率 E_t 在 0~50 期当相对比较平稳,在 51~100 期内都发生很大波动。特别是在 80~100 期,系统的消费 C_t 波动幅度在 ±500 亿元之间、投资 I_t 波动幅度在正负五万亿元之间、总产出 Y_t 波动幅度 ±1000 亿元之间。利率 i_t 由期初 0.02 不断上涨到 0.05 后又在 0.04~0.09 之间出现大范围振荡、汇率 E_t 由期初 5 元不断贬值到 10 元后又在 10~15 元之间大范围振荡。而利率大幅上涨、汇率大幅贬值以及其剧烈振荡又进一步推动投资、消费、净出口波动及振荡,导致总产出 Y_t 波动和振荡,从而整个系统处于失衡和波动状态,而系统这种失衡和波动状态对经济发展是不利的,因而需要采取必要经济政策和措施对经济系统进行调节和控制。

为了熨平经济剧烈波动与失衡对经济发展的负面影响,政府需根据经济变量如消费 C_t、投资 I_t、总产出 Y_t、利率 i_t、汇率 E_t 等发展态势来设计相应的财政政策变量 G_t、货币政策变量 M_t 和汇率政策变量 F_t,以期有效调整与控制经济系统演化状态。根据控制目标和经济变量变化情况,利用式(3-32)所设计政策变量控制律对蒙代尔-弗莱明系统进行控制,加入控制后的仿真曲线如图 3-9 所示。从图 3-9 可以看出,实施控制后,干扰变量 $\overline{C} + b\overline{TR}$ 是常量,仍然保持不变。利率变量 i_t 由期初 0.02 逐渐平稳下降到 0.005,到第 15 期即实现利率控制目标 $i^* = 0.005$,随后稳定保持在 0.005,因而有 $\lim_{t \to \infty}(i_t - i^*) = 0$。汇率 E_t 由期初 5 元逐步平稳贬值到 6 元,到第 25 期即实现汇率控制目标 $E^* = 6$,随后稳定保持在 6 元,因而有 $\lim_{t \to \infty}(E_t - E^*) = 0$。总产出以 0.05 增长速度平稳增长,到 100 期到达预期总产出控制目标 $Y^* = 3 \times (1 + 0.05)^{100} = 394.5038$ 百亿元,由于 $Y_t - Y_t^* = 0.6^t \times (Y_0 - Y_0^*)$,当 $t \to \infty$ 时,必有 $\lim_{t \to \infty}(Y_t - Y^*) = 0$。

第3章 理论基础与研究假设

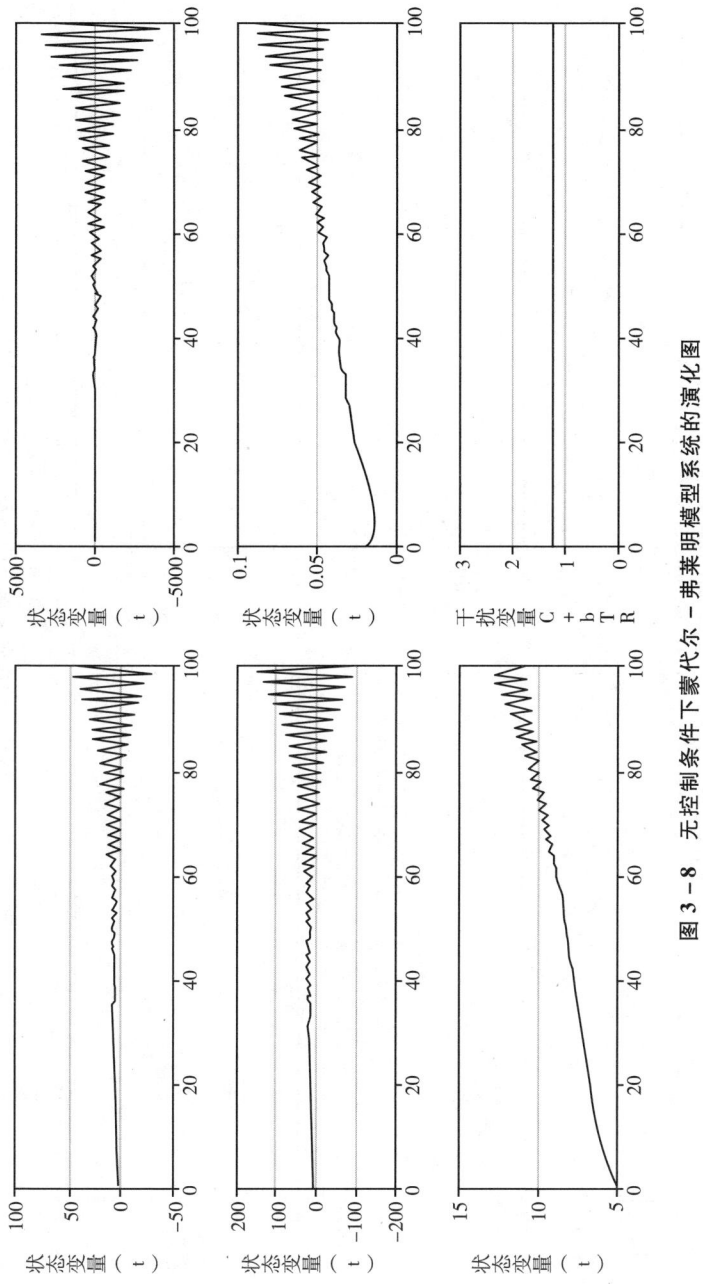

图3-8 无控制条件下蒙代尔-弗莱明模型系统的演化图

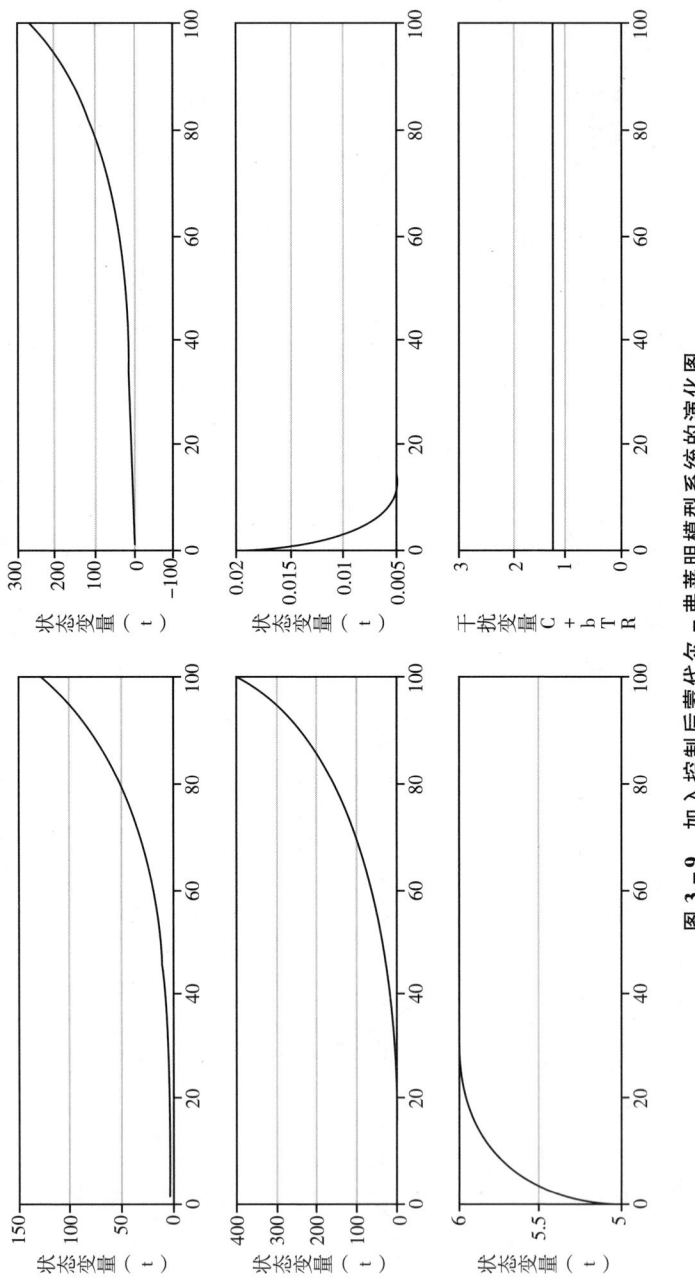

图3-9 加入控制后蒙代尔-弗莱明模型系统的演化图

因而当仿真期限 t→∞时，一定有 $\lim_{t\to\infty}(Y_t - Y^*) = 0$，$\lim_{t\to\infty}(i_t - i^*) = 0$，$\lim_{t\to\infty}(E_t - E^*) = 0$，即式（3-31）所设计政策变量控制器，可以使系统具有预期的动态性能，使得动态蒙代尔-弗莱明系统渐进稳定，实现对系统的控制目标。上述过程的经济机制在于通过式（3-31）所设计政策变量使利率和汇率都保持政府合理预期水平内，因而投资和消费都保持相应的平稳增长，而不在剧烈波动和振荡，引致总产出平稳增长，从而使整个经济系统不再剧烈波动与失衡。仿真结果也表明：利用式（3-31）所设计政策变量可以使开放经济条件下货币市场、产品市场、国际市场的供需水平趋于均衡，有效调整与控制开放经济系统的演化状态。

3.4 货币政策传导的特性与研究假设

货币政策传导机制理论隐含两个假设前提——货币非中性和货币供给外生性。货币非中性是指流通中的货币数量不仅影响经济系统中的价格水平，而且会影响就业、产出等实际经济变量；货币供给外生性是指货币供应量由货币当局在经济体系之外独立控制的。如果货币中性，则表明货币政策对收入、产出等实际变量无实质影响，而仅作用于价格，因而货币政策传导系统复杂性及演化研究也就失去了理论和现实意义；而货币供给如果完全内生，则表明货币供给是由经济系统中实际变量决定的，而货币当局不能主动通过变动货币供应量以调控宏观经济。因而这两个假设前提成立与否是本节的主要任务和本书研究的逻辑起点。

3.4.1 货币政策的中性理论演进

古典学派大卫·李嘉图在货币需求弹性无穷大和萨伊法则的假设下提出名义货币数量变化只能引起名义的价格、利率、工资等的变化，而实际经济变量不会随名义货币数量的变化而变动，如实际GDP、实际利率、储蓄、投资、就业等。因而，古典学派的货币理论与价值理论是相互独立的二元论，古典学派也是彻底货币中性者。

新古典学派的维克塞尔以他的累积过程理论为基础提出了自然利率与货币利率的概念。他认为当货币利率恰好等于自然利率时，经济体保持均衡，货币仅按其流通量来决定价格的绝对水平，这时货币是中性的。但当货币利率与自然利率偏离时，货币将通过其对市场利率的作用而积极地影响生产价格，这时货币是非中性。维克塞尔的理论将货币理论同价格形成理论融合在一起，成为凯恩斯货币理论的重要源泉。马歇尔将利率分为真实利率与货币利率，并以边际效用论和一般均衡论作为理论支柱的，也得出货币政策中性的结论。

凯恩斯提出流动性偏好理论，并认为利率是由流动偏好形成的货币需求与货币供给来决定的，而货币可通过利率对生产发生了实质性影响，所以货币是收入、产出和就业的积极决定者，不是古典、新古典货币理论中被动的交换与计算单位。凯恩斯货币理论是非中性的，它实现了货币分析与产量分析的完全融合。

现代货币主义学派的弗里德曼在剑桥的现金余额公式和凯恩斯的流动偏好理论基础上提出其货币数量论。弗里德曼认为实际货币需求和货币供给是相互独立决定的，货币制度决定货币供给且不影响实际货币需求函数的稳定性，因而名义货币需求可以适应货币供给的变动而充分调整。因而短期内货币影响名义产出水平，长期内货币只影响物价水平的观点，不影响实际变量，即货币政策是短期非中性，而长期中性。所以货币主义主张实现经济增长的最好途径是单一规则。

1975年，理性预期学派学者萨金特和华莱士在理性预期假设下，提出货币政策无效性命题。他们认为理性预期下的公众与货币当局有相同的完全信息集合，当局制定的任何有确定反馈规则的系统货币政策都是无效的且不能消除经济周期性波动。因此理性的公众都会预期得到政府推行何种反经济周期政策的意图，并采取预防性措施去抵销政策规则的影响。

20世纪70年代，新古典宏观经济学第二代学者如普雷斯科特、芬恩、巴罗、基德兰德等把货币政策的决策过程看作经济体系与政策制定者之间的博弈过程，证实最优政策只是在制定政策时最优，但是到实施时就不再最优，因而具有时间不一致性，而其根源在于经济系统主体之间的博弈与利益冲突。并由此说明了相机抉择的政策也是无效的。从政策无效性的结论看，博弈论进一步延伸了理性预期学派货币政策中性的结论。

实际经济周期理论则以市场自动出清、理性预期等作为假设，提出了一种更极端的货币中性理论，该理论的货币政策主张已经在前面介绍过。

新凯恩斯主义者利用工会作用、效率工资、隐性工资合同等理论说明了真实工资是黏性的；利用生产力闲置论、需求非对称论、厂商信誉论等理论对真实价格黏性进行解释。而黏性的工资和价格的决策、调整都具有瞒珊性，进而导致货币增加，但是工资、价格调整以及货币的增加不是同步调整的，只能导致产出的相应缓慢波动和持续地偏离其自然水平。新凯恩斯主义者以工资与价格黏性为基础得出了货币变动导致产出变动的结论，工资与价格黏性理论同时也为凯恩斯主义宏观经济学和货币非中性提供了微观基础。

3.4.2 货币供给内生性理论演进

古典学派的斯图亚特是最早提出货币供给内生性的学者，银行学派的图克、富拉顿、桑顿基于商业活动需要也明确提出货币供给内生性观点。瑞典学派的米尔达尔认为在基础货币量既定的前提下，通过变动货币流通速度可以实现货币供给量的有效增减，即金融机构的行为可以适应货币需求。所以他认为在纸币本位下货币供给与物价水平变动具有双向作用。格利和肖认为货币有内生与外生两类，由私人部门持有不能对其净资产做出贡献是内生性货币，而能对其净资产做出贡献是外生性货币，这与传统货币供给外生理论有很大的不同。托宾从金融中介角度探讨货币供给内生性，他认为在成熟的市场经济中，不同金融资产之间具有直接的替代性，而广义货币是能较大伸缩地适应货币需求变化。

20世纪70年代，新剑桥学派的温特劳布以工资定理为理论基础，论述了货币供给由经济运行决定，而不是相反。温特劳布认为名义工资是由集体议价而外生决定，当平均劳动生产率的提高低于名义工资相对增长时，物价就随之增长。而物价与工资增长必然导致产出与就业下降，因而只能增加货币供给以避免就业和产出下降。因而，货币供给只能由经济运行决定，货币供给不能为货币当局控制，货币当局也就不能自主执行货币政策，从而货币供给内生。新剑桥学派的卡尔多则以中央银行是最后贷款人职能为理论基础说明了信贷渠道中货币供给也是内生而非外生。卡尔多认为作为最后贷款人的中央银行是不会让银行体系崩溃的，因而货币当局必须满足交易需求以防止由于信贷紧缩而导致的债务危机。所以信贷渠道中货币供给也是内生的。

20世纪80年代末，新剑桥学派的莫尔以水平主义货币供给理论为基础对货币供给倒逼机制进行详尽阐述，从而说明其货币供给内生思想。莫尔认为货币有信用货币、商品货币、政府货币三类。商品生产成本决定着商品货币供给；政府利益决定着政府货币供给；公众对贷款的需求决定着信用货币，因而信用货币具有内生性。由于中央银行对自己的债务凭证——基础货币的控制能力是有限的，因而基础货币也是内生性的。所以莫尔水平主义货币供给理论是内生性的而非外生的。

3.4.3 本书的研究假设

（1）货币政策短期非中性假设。

由于本书研究的主题是货币政策传导系统复杂性及动态演化，其主旨是提高货币政策传导有效性以及货币政策传导的效率。如果货币政策中性，那么货币政策只能作用于价格，而对产出、收入等实际变量并无影响，从而本书的研究也就失去了理论和实证意义，因而本书在参考前人相关理论研究基础上把货币短期非中性设定为本书基本前提。

（2）货币供给外生性假设。

从政策意义上来讲，若货币供给外生，货币当局可以根据经济形式的发展，制定合适的货币政策，调整货币供应量，熨平经济的波动；若货币供给内生，货币当局不能自由调节货币供给来熨平经济的波动。考虑本书研究主题和主旨，货币政策当局必然会根据经济形势和货币政策传导系统过程演化状态来调整货币政策传导系统的制度结构，使货币政策传导系统和宏观经济形势向着逐渐循环优化的方向发展，最终达到货币政策传导系统协同优化和整个经济系统充分协同、平稳发展的总目标。本书在参考前人相关理论研究基础上，把货币供给的外生性假定为基本前提。

3.5 货币政策传导的经济机制

货币政策传导的经济机制是货币政策经过操作指标、中介指标、最终目标等一系列中间环节并引起的经济运行过程中各中介指标的连锁反应而最终作用于实体经济的作用机理。货币政策传导的经济机制本质是货币政策传导系统的动态演化过程，起点是货币政策工具，中介目标是货币供应量或利率等，终点是既定的货币政策目标，从起点到终点的实现过程即货币政策传导的经济机制作用过程[25]。货币政策的金融环境、货币政策规则、货币政策的工具、货币政策的操作指标、货币政策的中介指标、货币政策目标、货币政策的外部因素冲击、货币政策的传导渠道等都是影响货币政策效果的重要因素，但他们只是货币政策发挥作用的静态条件，它们之间以及与其他经济变量的相互制约、相互影响的动态演化机制是货币政策发挥作用的动态条件。由于货币政策传导系统的复杂性及其动态演化是以货币政策传导的经济机制为载体，通过对货币政策传导的经济机制的梳理研究，能揭示货币政策传导系统的复杂性及演化内涵、外延、范畴以及运行本质。

3.5.1 货币政策传导经济机制理论的演变

货币政策传导机制理论的发展最早开始于重商主义经济学家理查德·坎蒂隆，他在其名著《商业性质概论》中初步阐述了货币数量的变动对经济活动影响的过程，坎蒂隆所讨论货币变动并不是由货币政策调整引起的。严格的货币政策传导机制理论开始于20世纪初的传统货币数量论。货币政策传导机制理论初始时期是20世纪初到30年代，传统货币数量论包括现金交易说（欧文·费雪）、现金余额说（马歇尔、庇古）、累计过程理论（魏克塞尔）。欧文·费雪认为，货币政策调整会导致货币供应量的变化，当充分就业时，货币供应的变动最终只会导致物价水平的同比例变动，抵消货币供应变动影响。而马歇尔则是从货币供求的角度来研究价格水平的决定，认为外生的货币供应量变动导致价格决定，现金余额说的本质与现金交易说是一致的。累积过程理论认为正常利率和自然利率是相互作用的，均衡时两种利率相等，当两种利率背离时会打破均衡状态，进而价格上涨和生产扩张。魏克塞尔首次将利率和动态因素引入货币政策传导机制研究，并认为货币政策能通过利率变动间接影响实际经济。

1936年，凯恩斯以有效需求理论为基础提出货币政策调整会导致利率变动，进而引起投资需求调整，最终导致总需求和产出变化。这就是著名利率传导机制，利率传导机制第一次系统地阐述了现代意义上的货币政策传导机制问题，但它没有考虑金融资产的替代性以及名义和实际财富相互影响对货币政策传导机制的影响。后来汉森和希克斯进一步把利率传导机制发展成 IS – LM 模型。

20世纪60~70年代，货币主义通过与凯恩斯主义论战，在货币政策传导机制理论上取得一系列重要进展。货币主义认为短期内经济活动与货币存量密切相关，并且这种关系也很稳定的，所以再考虑预期因素的作用，任何通过调控货币供给干预经济运行的政府行为都是无效的，即认为货币政策是长期中性的，所以主张政府实行恒定的货币增长率，实行单一货币规则。弗里德曼认为利率在传导机制中并不起重要作用，而货币供给在整个货币政策传导机制上具有决定性的效果，但货币供给变动影响总需求的方式和渠道是十分繁多而且复杂，无法具体探讨货币供给对名义国民收入的作用方式或影响过程，只能从实证角度去寻找货币供给与名义国民收入的相关性，所以弗里德曼的货币政策传导机制也被称为"黑箱"理论。货币主义还重视资产价格对货币政策的传导，提出托宾Q理论、消费者财富调整理论等资产价格传导机制。金融资产包括货币、有价证券（债券、股票）、实物资产等三类，它们之间存在一定的替代性。货币供给增加导致公众调整其金融资产结构，从而引起其金融资产价格也相应变动，当这一价格变动传导到实际经济领域时，就会引起商品和劳务价格变化，并最终对产出产生影响。这一机制发挥作用与货币市场、资本市场的流通状况和发育程度相关。

随着经济全球化和浮动汇率的出现，货币政策的汇率传导机制得以凸显，汇率传导机制有效发挥的关键是利率对汇率的决定。凯恩斯的追随者多恩布什提出价格黏性的汇率超调模型对其解释。多恩布什认为由于价格黏性，资本市场调整速度快于商品市场，当实施扩张性货币政策时，则本币利率下降，因而在资本市场上形成汇率超调，本币即期汇率贬值，而本币贬值改善了该国的贸易条件。有关实证研究也印证了汇率超调模型的结论。

20世纪80年代后，货币政策的信贷传导理论在新凯恩斯主义的货币政策传导理论基础上逐步完善、发展起来。信贷双方存在信息不对称是信贷传导的基本假设，在这个假设下，市场经济中的道德风险与逆向选择会使公众的内部融资成本小于外部融资成本，这一分析与货币通道是根本不同的。信贷传导理论认为银行是货币市场上的主体，也是货币当局政策调控的客体，在货币政策传导过程中有突出作用。在资本市场不发达条件下，信贷通道是货币政策的主要传导渠道。这一时期货币政策传导理论主要有：1981年斯蒂格利茨和威斯提出的均衡配给渠道、1988年新凯恩斯主义学派的伯兰克与布林德提出银行贷款渠道、1995年新凯恩斯学派的伯南克和格特勒提出银行的资产负债表渠道。

3.5.2 货币政策的经济传导机制

根据文献[4，26，27，28]，货币政策传导系统分为利率、资产价格、信贷、汇率等四个传导子系统。以下分别说明它们的经济传导机理。

3.5.2.1 利率传导子系统

在现代经济学中，货币政策最主要传导通道是利率传导子系统，利率传导子系统的分析框架是 IS–LM 模型。利率的变化会通过影响储蓄、消费、投资以及净出口的变动去影响就业、收入和总需求的变动。利率是长期利率而不是短期利率，是实际利率而不是名义利率。利率传导子系统主要存在以下三种经济机制（经济机制的描述全部以宽松的货币政策为例）：

（1）货币供给（M）增加会使实际利率（i_r）下降，实际利率下降会使企业融资成本降低，从而导致消费者住房与耐用消费品投资、企业投资（I）增多，因而产出（Y）和总需求（AD）也随之增加；反之，则相反。经济机制如下：

$$M\uparrow \to i_r\downarrow \to I\uparrow \to AD\uparrow \to Y\uparrow \qquad (3-38)$$

（2）通货紧缩情况下，当名义利率趋于 0 时，货币供给（M）增加会提高预期价格水平（P^e），进而提高预期通货膨胀率（π^e），因而即使当名义利率为 0 时，货币供给（M）增加也会导致实际利率（i_r）下降，货币政策可以利用以上经济机制传导；反之，则相反。经济机制如下：

$$M\uparrow \to P^e\uparrow \to \pi^e\uparrow \to i_r\downarrow \to I\uparrow \to AD\uparrow \to Y\uparrow \qquad (3-39)$$

（3）当货币当局通过公开市场买入债券时，货币供给（M）增加，资产收益率下降；经济单位卖出债券，债券价格下跌，利率（i）下降，投资增加，引致需求上升，产出增加；反之，则相反。经济机制如下：

$$M\uparrow \to i\downarrow \to I\uparrow \to AD\uparrow \to Y\uparrow \qquad (3-40)$$

3.5.2.2 资产价格传导子系统

货币政策的资产价格传导是对利率传导的一种扩展。资产价格传导包括股票价格和不动产价格两种具体传导渠道，共有七种经济机制，其中，第 1 种~第 4 种是股票价格对货币政策的传导；第 5 种~第 7 种是描述不动产价格对货币政策的传导。

第 1 种，托宾 Q 理论。企业市场价值除以资本重置成本值被定义为 q。当 q > 1 时，则说明资本的重置成本低于企业的市场价值。此时生产设备和新厂房相对便宜，企业只需少量股票发行就进行大量投资。因而托宾 Q 理论描述普通股价格对货币政策传导过程，由托宾首先提出。

货币供给（M）增加会使利率（i）下降，债券价格相对于股票价格吸引力下降，股票的需求增加，股票价格（P_s）上涨。因而当 q 值增大，资产增值成本相对于企业市场价值下降，企业对设备和新厂房投资（I）增加，从而总需求（AD）和产出（Y）增加；反之，则相反。经济机制如下：

$$M\uparrow \to i\downarrow \to \to P_s\uparrow \to q\uparrow \to I\uparrow \to AD\uparrow \to Y\uparrow \qquad (3-41)$$

企业通过发行股票融资，股票价格上升，企业投融资的成本下降，因而股票价格上升可以导致投资支出的上升。货币供给（M）增加导致股票价格（P_s）上涨，资本成本（c）下降，企业对新工厂和设备投资（I）增加，从而总需求（AD）和产出（Y）增加；反之，则相反。经济机制用如下：

$$M\uparrow \to i\downarrow \to \to P_s\uparrow \to c\downarrow \to I\uparrow \to AD\uparrow \to Y\uparrow \qquad (3-42)$$

第 2 种，企业资产负债表渠道。当实施宽松货币政策时，股票价格（P_s）上涨，企业净价值（NW）上升，逆向选择和道德风险问题减少，借款（L）增加，企业投资（I）支出增加，从而总需求（AD）和产出（Y）增加；反之，则相反。经济机制如下：

$$M\uparrow \rightarrow P_s\uparrow \rightarrow NW\uparrow \rightarrow 逆向选择和道德风险\downarrow \rightarrow L\uparrow \rightarrow I\uparrow \rightarrow AD\uparrow \rightarrow Y\uparrow \tag{3-43}$$

第 3 种，家庭流动性效应。当实施宽松货币政策时，股票价格（P_s）上升，导致金融资产价格也随之上升，这样消费者安全财务头寸增多，发生金融困境的可能性下降，因而消费者对耐用消费品（C_d）和民用住宅（H）支出增加，从而总需求（AD）和产出（Y）增加；反之，则相反。经济机制用如下：

$$M\uparrow \rightarrow P_s\uparrow \rightarrow 金融资产价格\uparrow \rightarrow 金融困境的可能\downarrow \rightarrow C_d\uparrow,$$
$$H\uparrow \rightarrow AD\uparrow \rightarrow Y\uparrow \tag{3-44}$$

第 4 种，家庭财富效应。应用消费生命周期理论假设对家庭财富效应的传导机制进行研究最早开始于莫迪格利亚。他认为消费者一生资源决定其支出，而金融财富是消费者一生资源的重要组成部分。当实施宽松货币政策时，股票价格（P_s）随之上升，金融财富相应增多，于是消费者一生资源也极大增多，消费（C）相应增多，导致产出（Y）与总需求（AD）上升；反之，则相反。经济机制如下：

$$M\uparrow \rightarrow P_s\uparrow \rightarrow 财富\uparrow \rightarrow C\uparrow \rightarrow AD\uparrow \rightarrow Y\uparrow \tag{3-45}$$

从以上 4 种传导机制可以看出，股票价格对货币政策极为敏感，同时股票价格波动对宏观经济有重要影响，因而股票价格传导渠道也是一种重要的货币政策传导通道。

第 5 种，住房支出的直接影响。货币供给（M）增加，导致利率（i）下降，住房的融资成本下降并提高其价格（P_h）。相对建房成本、住房价格上涨，建房利润增加，因而住房支出（H）上升，从而总需求（AD）和产出（Y）增加；反之，则相反。经济机制如下：

$$M\uparrow \rightarrow P_h\uparrow \rightarrow H\uparrow \rightarrow AD\uparrow \rightarrow Y\uparrow \tag{3-46}$$

第 6 种，不动产价格的家庭财富效应。住房是家庭财富的重要部分，消费的支出受住房价格影响。货币供给（M）增加，住房价格（P_h）上

涨,家庭财富(W)随之增加,消费(C)相应增加,因而产出(Y)与总需求(AD)增加;反之,则相反。经济机制如下:

$$M\uparrow \to P_h\uparrow \to W\uparrow \to C\uparrow \to AD\uparrow \to Y\uparrow \qquad (3-47)$$

第7种,银行资产负债表渠道。货币供给(M)增加,导致不动产价格(P_r)上涨,银行贷款损失下降,银行资本(NW_b)增加,银行贷款增加,依赖于银行贷款的消费者借款(L)增加,因而投资(I)增加,从而总需求(AD)和产出(Y)增加;反之,则相反。经济机制如下:

$$M\uparrow \to P_r\uparrow \to NW_b\uparrow \to L\uparrow \to I\uparrow \to AD\uparrow \to Y\uparrow \qquad (3-48)$$

3.5.2.3 汇率传导子系统

汇率传导子系统是开放经济条件下重要而有效的货币政策传导渠道。汇率通过影响进口商品的本币价格直接影响国内的价格水平,也通过出口商品的外币价格影响国外的价格水平。汇率传导子系统有净出口和资产负债表两种传导途径,共有3种传导机制,其中,第1种是净出口途径;第2种和第3种是资产负债表渠道。

第1种,汇率对净出口的影响。净出口途径的传导机制是国际收支理论的一种标准模式,但这种机制对固定汇率不起作用。货币供给(M)增加使实际利率(i_r)降低,与以外币标价资产需求相比,本币资产减少,从而本币需求降低,本币(E)贬值,与外国产品相比,本国产品便宜,因而引致净出口(NE)增加,从而总需求(AD)和产出(Y)增加;反之,则相反。经济机制如下:

$$M\uparrow \to i_r\downarrow \to E\downarrow \to NE\uparrow \to AD\uparrow \to Y\uparrow \qquad (3-49)$$

当大量的国内负债以外币表示时,汇率波动会通过影响金融企业和非金融企业的资产负债表两种渠道对总需求影响。

第2种,如果国内债务以外币标价而资产以本币标价,当货币供给(M)增加则本币(E)必然贬值,国内非金融企业的净价值(NW)下降而债务负担上升,企业资产负债表随之恶化,因而企业的道德风险问题与逆向选择增多,其借款(L)相应减少,投资下降,最终产出(Y)与总需求(AD)下降;反之,则相反。经济机制如下:

$$M\uparrow \to E\downarrow \to NW\uparrow \to 逆向选择和道德风险\uparrow \to L\downarrow \leftarrow I\downarrow \to AD\downarrow \to Y\downarrow \quad (3-50)$$

第 3 种，如果债务以外币标价，货币供给（M）增加，本币（E）贬值，银行资产负债表（NW_b）恶化，银行可贷（L）下降，投资减少，从而总需求（AD）和产出（Y）下降；反之，则相反。经济机制如下：

$$M\uparrow \to E\downarrow \to NW_b\downarrow \to L\downarrow \to I\downarrow \to AD\downarrow \to Y\downarrow \quad (3-51)$$

3.5.2.4 信贷传导子系统

信贷传导子系统的基本分析前提是金融市场不完善。在此假设下，货币政策传导系统内的信息不对称以及金融资产不完全替代性必然会导致货币政策效果，由于市场受到特定借款人（如个人、中小企业等）受信条件与受信能力的约束而强化。信贷传导子系统有银行贷款、资产负债表两种传导途径，共有 5 种经济机制，其中第 1 种是银行贷款传导机制；第 2 种~第 5 种是资产负债表传导机制。

第 1 种，银行贷款除通过利率机制传导货币政策外，还可通过信贷总量增减来传导。货币供给（M）增加，银行的存款与储备相应上升，银行可贷资金随之增多，投资（I）支出增加，从而总需求（AD）和产出（Y）增加；反之，则相反。这种传导机制着重强调银行在经济生活中的独特作用，经济机制如下：

$$M\uparrow \to 银行储备\uparrow \to 可贷资金\uparrow \to 银行贷款\uparrow \to I\uparrow \to AD\uparrow \to Y\uparrow \quad (3-52)$$

资产负债表渠道对货币政策传导有以下四种传导机制，它们与银行贷款渠道在表现形式上是相似的，但资产负债表渠道更注重特定借款人的资产负债状况的影响。

第 2 种，货币供给（M）增加，使企业股票价格（P^e）上涨，企业净值增多，因而企业经营者、所有者的道德风险和逆向选择问题下降，企业贷款和投资（I）支出增多，从而总需求（AD）和产出（Y）增加；反之，则相反。经济机制如下：

$$M\uparrow \to P^e\uparrow \to 逆向选择和道德风险\downarrow \to 贷款\uparrow \to I\uparrow \to AD\uparrow \to Y\uparrow \quad (3-53)$$

第3种，货币供给（M）增加会使利率（i）下降，利率支出减少，企业现金流量增加，因而企业资产负债状况向好，企业净值上升，道德风险和逆向选择问题降低，企业贷款和投资支出上升，从而总需求（AD）和产出（Y）增加。这种经济机制强调是短期的名义利率而不是长期的实际利率；反之，则相反。经济机制如下：

$$M\uparrow \to i\downarrow \to 现金流量\uparrow \to 逆向选择和道德风险\downarrow \to 贷款\uparrow \to I\uparrow$$
$$\to AD\uparrow \to Y\uparrow \tag{3-54}$$

第4种，如果以名义利率确定企业的债务合同，当货币供给（M）增加时，则价格水平会上升，这样企业实际债务下降而实际净值上升，道德风险与逆向选择问题下降，企业贷款和投资支出上升，从而产出（Y）增加；反之，则相反。经济机制如下：

$$M\uparrow \to 价格水平\uparrow \to 实际债务\uparrow \to 逆向选择和道德风险\downarrow$$
$$\to 贷款\uparrow \to I\uparrow \to Y\uparrow \tag{3-55}$$

第5种，由于家庭的资产负债表影响个人支出，因而也可传导货币政策。当实施宽松货币政策，股票价格（P^e）上涨，消费者的金融资产升值，进而资产负债状况改善，同时也降低其陷入财务困境的可能，因而其住宅的支出与购买耐用消费品扩大，从而产出（Y）增加；反之，则相反。经济机制如下：

$$M\uparrow \to P^e\uparrow \to 金融资产\uparrow \to 财务困境的可能性\downarrow$$
$$\to 耐用消费品和住宅\uparrow \to Y\uparrow \tag{3-56}$$

通过货币政策传导系统中经济机制梳理分析，可知每种经济传导机制都与相应金融市场多种相关指标相联系，而每当其中一个指标偏离均衡值时通常会引起系统中其他相关指标的连锁反馈效应，进而导致货币政策传导产生非平衡动态演化。

3.5.3 货币政策传导机制的复杂性特征

3.5.3.1 货币政策传导的经济机制是其复杂性及演化的载体

货币政策传导系统的复杂性及其动态演化机制是影响货币政策传导有

效性的重要因素，它能通过通货膨胀、通货紧缩、滞涨、货币危机、银行危机、金融危机等极端经济现象而凸显，也可通过货币政策调控后宏观经济向好运行而呈现，而参与宏观经济调控的不同层次的货币政策传导的经济机制是其基本的运行载体。在货币经济中，资源的有效配置是通过流动性和收益性的不同组合的各种金融工具来进行。货币当局必须根据经济形势变化对货币政策进行适度调整，货币政策通过货币政策传导系统的运行对宏观经济系统形成不断的冲击。这时，经济主体通过改变其所持有金融资产的组合以及流动性，形成各个层次的货币以及金融资产之间的结构调整以抵消因货币政策调整冲击对其不利影响，而经济主体对资产结构的调整又会间接或直接影响非金融机构与金融机构的经济行为，进而改变其金融产品的结构，最终影响实际的经济活动。因而，货币政策传导系统是货币经济作用于实际经济变量变化的途径和桥梁。货币政策传导系统的复杂性及其动态演化机制作为货币政策传导中涌现的非线性机制，必须以货币政策传导的客观载体——货币政策传导的经济机制为其基本的运行载体，对它的研究也必须以货币政策传导系统中的现象、过程为载体。

3.5.3.2 货币政策传导的经济机制是货币政策传导系统与外界经济金融环境的交互、反馈机制

货币政策传导系统共有4个渠道18种具体经济传导机制，它们是货币政策传导系统与外界经济金融环境的交互、反馈机制与方式。下面以信贷传导子系统中银行贷款传导机制为例说明其交互、反馈功能。银行贷款传导机制是通过信贷总量增减来传导的。当货币当局实施宽松货币政策时，银行存款与储备增多，因而银行可贷资金扩大，投资（I）增加，从而总需求（AD）和产出（Y）的增加。反之，当货币供给减少时，则经济机制相反。经济机制如下：

$$M\uparrow \to 银行储备\uparrow \to 可贷资金\uparrow \to 银行贷款\uparrow \to I\uparrow \to AD\uparrow \to Y\uparrow$$

(3-57)

当外部环境是经济过热时，可以减少货币供给，使银行储备和银行存款减少，从而银行的可贷资金也较少，投资下降，总需求和产出的下降。当外部经济环境有效需求不足、失业增加时，则可以增加货币供给，银行

储备和银行存款增加，银行的可贷资金增加，投资增加，从而就业和产出的增加。从前面分析可以看出银行贷款传导机制与外部环境具有交互、反馈功能，当经济过热时，采用使经济系统出现减弱作用或者保持稳定态的负反馈机制降低经济发展速度；当经济有效需求不足、失业增加时，采用经济系统出现具有强化自我激励的正反馈机制使经济加速发展。货币政策传导系统正是通过货币政策传导的经济机制不断地从外界的经济、金融环境交换政策信息和指令以及各种经济要素变量的波动信息，经过货币政策传导系统传导机制的加工、交叉、催化作用再扩散、传播到外界的经济、金融环境，作用于实体经济，对宏观经济产生巨大影响。正是由于货币政策传导的经济机制这种与外界经济金融环境的交互、反馈功能，才保持了货币政策传导系统不断由无序向有序的动态演化。货币政策传导系统复杂性及动态演化机制对实体经济影响正是通过货币政策传导的经济机制与外部环境所具有交互、反馈能使其非线性地发挥出来。货币政策传导系统利用经济传导机制与外部经济环境交互，进行信息和能量交换；利用正负反馈机制使远离平衡态的货币政策传导系统产生自组织动态演化形成有序的耗散结构，从而进一步通过涌现、突变等非线性行为实现整个经济系统优化和平衡。

3.5.3.3 货币政策传导的经济机制是通过非线性相互作用方式实现

货币政策传导系统中子系统以及各种具体的传导机制对货币政策的传导效果不是简单叠加，而是具有非加和性，并且各种具体经济机制对货币政策的传导也是通过非线性方式进行的。当货币当局进行货币政策调整时，货币供给量、资产价格、汇率、利率等多种因素同时变化，因而货币政策有可能通过上述多种传导机制和途径同时对产出和价格水平形成影响，导致货币政策传导系统发生自组织演化。在这个过程，货币政策传导系统任何一个变量发生变化往往不只受到另一个变量的单一影响，而是受到多种变量的非线性综合作用。同时，有些变量对该变量变动起正反馈效应，而另一些变量则对其可能是负反馈效应，因而对其变化可能是抑制和激励的双重作用结果。例如，在汇率传导子系统中，当货币供给增加导致本币贬值，通过净出口渠道则会使总需求和收入增加；而通过资产负债表渠道则是使总需求和收入下降。因而对于总需求和收入这两个变量来说，净出口是属于激励的正反馈效应，资产负债表渠道则是抑制的负反馈效应，并且它们所受到的总效应也不是线性加和的。再如货币政策的中介指标由于必须具备相关性、可测性、可控性、抗干扰性等特性，它的变化会"牵一发动全身"，引发系统中相关参数的连锁反应，再经过系统非线性的增强效应，系统中的相关经济传导机制进一步增强，产生货币政策传导的联动效应，系统的各个传导子系统间、系统与外部经济环境间的非线性作用机制进一步放大，从而涌现出使整个货币政策传导系统走向高效传导货币政策的有序结构。

3.5.3.4 货币政策传导的经济机制之间具有协同与竞争关系

货币政策传导系统中 18 种具体经济机制对货币政策传导的价值与作用并不是相同的，而是存在协同与竞争关系。当货币供给增加时，信贷子系统、利率子系统、资产价格子系统以及汇率子系统中净出口渠道都会导致总需求和收入增加，这些具体机制的传导方向相同，传导效果具有非线性叠加效应，因而它们之间具有协同效应；而汇率子系统中资产负债表渠道两种机制当货币供给增加时，则会导致总需求和收入下降，因而这两种传导机制与其他 16 种机制间就存在着使货币政策传导效果下降的竞争关系。正是由于这些经济机制既竞争又协同才促进货币政策传导系统的循环共生演化。因而具有竞争与协同关系各种经济传导机制的相互作用是货币政策传导系统有序演化的动力，其作用程度决定着货币政策传导系统演化的有序性和稳定性。由于具有实际资产索取权的金融工具与货币是在特定金融市场进行交换，金融工具价格的变化就会影响经济主体对货币和信用的选择，改变其金融资产的构成，并根据此货币供给变动对实际经济活动产生持续的影响，因而货币政策传导各种具体经济机制都与特定的金融市场相联系。随着金融市场体系的不断完善和加强，金融市场的融资价值也就增强，金融因素在经济波动中的作用越大，使货币政策传导系统各种经济机制间的关联性更强，多种经济机制协同和配合会比单一经济机制传导更具优势。货币政策传导系统在运行过程中，多种经济机制协同之间竞争与协同的相互作用也造就了货币政策传导系统的非线性作用机制，而通过非线性作用机制放大,货币政策传导的经济机制的协同与竞争效应则进一步强化,货币政策传导系统对实体经济影响则更强。

综合上述分析可以看出,货币政策传导系统的运行过程实质是货币政策传导的经济机制和复杂性机制相互交叉、渗透、催化、扩散的过程,只有当两者有机融合、协同一致,货币政策传导系统才能有效运行,货币政策才能有效传导到实体经济,促进宏观经济快速、稳定发展。

3.6 实证研究

货币政策传导系统是一个动态演化的复杂经济系统,具有非常复杂的非线性作用机制,现代经济理论并不足以对货币政策传导系统中变量之间的动态联系提供一个严格的说明和定义,而且不恰当内生变量、外生变量的选择也会使方程估计和推断变得更加复杂,考虑这些问题,本节采用单位根检验、协整检验、格兰杰检验等计量方法对货币中性、货币供给内生性、传导机制等问题进行实证分析。本节首先使用格兰杰检验法验证货币供给量与经济增长变量之间因果关系。其次货币短期非中性以及货币供给外生性假设合理性进行检验说明,并基于此对货币政策传导机制进行实证分析。

3.6.1 样本选取与数据处理

为了考察货币政策传导系统的经济演化过程,系统演化的主要变量有实际利率、实际汇率、股票市值、信贷规模、货币供应量 M_2、价格、消费、投资、净出口、产出等10个变量。考虑到中国货币政策传导实际,对以上10个分析变量做如下选择:实际利率(r)选用一年期储蓄存款减去通胀率值作为分析指标;实际汇率(h)选择名义汇率乘以(1−通胀率)作为分析指标;股票市值选用沪深股市市值和(hs)作为分析指标;贷款规模选用金融机构贷款额(d)作为分析指标;货币供应量选择广义货币 M_2 作为分析指标;选择通货膨胀率(t)作为物价指标;选择城镇固定资产投资额（k）作为投资指标，用全社会消费品零售价格总额（l）作为消费指标，净出口（j）选择进出口差额作为分析指标；物价采用通用的 CPI 指数。产出一般是用 GDP 来度量，但我国没有公布 GDP 月度数据只公布季度数据，故选择用工业增加值增长率（q）来替代 GDP 作为产出指标。

数据样本期间为 2009 年 1 月至 2018 年 12 月共 120 期月度数据。一年期储蓄存款利率数据、货币供应量数据来源于中国人民银行网站，进出口差额、城镇固定资产投资额、全社会消费品零售总额、物价指数和工业增加值增长率数据来源于国家统计局网站进度数据。由于城镇固定资产投资额（k）、社会消费品零售总额（l）具有明显的季节性波动，进行 X12 季节调整，调整后的序列分别记为 kx、lx。由于以上数据中的序列 h、hs、M_2、q、kx、lx、d 是非线性变化，为避免它们中可能存在的异方差，再对以上序列取对数，分别记为 Lh、Lhs、LM_2、Lq、Lkx、Llx、Ld，书中所用工具为 EViews 10。

3.6.2 平稳性检验

由于格兰杰检验只能对平稳序列进行，下面利用 EViews 10 中 ADF 检验方法对时间序列 r、t、Lh、Lhs、j、LM_2、Lq、Lkx、Llx、Ld 进行单位根检验，检验结果见表 3-2。

表 3-2　　　　　各序列的单位根检验结果

变量	ADF 值	1% 可能值	5% 可能值	10% 可能值	检验说明	P 值
Lh	-2.0274	-3.4866	-2.8861	-2.57993	(I, 2)	0.275
ΔLh	-8.6473	-3.4866	-2.8861	-2.5799	(N, 2)	0.000
r	-2.447	-3.4866	-2.8861	-2.5799	(N, 2)	0.131
Δr	-14.4451	-3.4866	-2.8861	-2.5799	(N, 2)	0.000
j	-5.6256	-3.4861	-2.8859	-2.5798	(I, 2)	0.000
LM_2	-3.5974	-3.4925	-2.8887	-2.5813	(N, 2)	0.007
q	-1.7451	-3.4870	-2.8862	-2.5800	(N, 2)	0.406
Δq	-11.1984	-3.4870	-2.8863	-2.5800	(N, 2)	0.000
Lhs	-2.0221	-3.4861	-2.8859	-2.5798	(N, 2)	0.277

续表

变量	ADF 值	1% 可能值	5% 可能值	10% 可能值	检验说明	P 值
ΔLhs	-9.6623	-3.4866	-2.8861	-2.5799	(N, 2)	0.000
Lkx	-4.8502	-3.4886	-2.8870	-2.5804	(N, 2)	1.000
Llx	-5.3938	-3.4870	-2.8863	-2.5800	(T, 2)	0.000
t	-2.2859	-3.4866	-2.8861	-2.5799	(N, 2)	0.178
Δt	-14.2084	-3.4866	-2.8861	-2.5799	(N, 2)	0.000
Ld	5.5163	-3.4861	-2.8859	-2.5798	(N, 2)	0.000

注：检验说明一栏中 N 表示无截距项，I 表示有截距项，T 表示有截距项和趋势项；数字 2 表示根据 AIC、SC 值确定的滞后阶数。

由表 3-2 可知，在显著性水平为 1%、5%、10% 的条件下，序列 j、LM_2、Ld、Lkx、Llx 的 ADF 检验值小于相应的临界值，说明序列 j、LM_2、Ld、Lkx、Llx 是平稳的；序列 Lh、r 在显著性水平为 1% 的条件下，它们的 ADF 检验值都大于相应的临界值，说明序列 r、Lh 是非平稳的；序列 q、t、Lhs 在显著性水平为 1%、5%、10% 的条件下，它们的 ADF 检验值都大于相应的临界值，说明序列序列 q、t、Lhs 是非平稳的。序列 ΔLh、Δr、Δt、ΔLhs、Δq 通过检验，拒绝存在单位根的原假设，说明序列 ΔLh、Δr、Δt、ΔLhs、Δq 是平稳的，从而说明序列 Lh、r、t、Lhs、q 都是一阶单整的，即 I(1)。序列 j、LM_2、Ld、Lkx、Llx 也通过检验，拒绝了存在单位根的原假设，说明序列 j、LM_2、Ld、Lkx、Llx 是平稳的，即 I(0)。实际上，用 PP 检验法对上述时间序列检验也同样会得出相同的结论。

3.6.3 货币供给内生性与货币中性的分析

为了实证检验货币供给内生性与外生性，选择货币供给量 LM_2 与经济增长变量（q）做格兰杰因果检验，由于 LM_2 是 I(0)，而 q 是 I(1)，可先对 q 进行一阶差分，检验结果如表 3-3 所示。检验结果说明，货币供给量是经济增长变量格兰杰原因，而经济增长变量不是货币供给量格兰杰原因，这说明我国的货币供给具有外生性。下面再对货币供给量 LM_2 与通货膨胀率（t）做格兰杰因果检验，LM_2 是 I(0)，t 是 I(1)，对 t 进行一阶差分，检验结果如表 3-4 所示。检验结果说明，货币供给量

第3章 理论基础与研究假设

是通货膨胀率的格兰杰原因,通货膨胀率也是货币供给量格兰杰原因,这进一步印证了我国的货币供给具有一定的外生性。因而本书中设定货币供给外生是合理的。

表 3-3 货币供给量与经济增长变量检验结果

Null Hypothesis.	Obs	F – Statistic	Prob.
LM2 does not Granger Cause D (T)	117	1.98819	0.1417
D (T) does not Granger Cause LM2		0.05034	0.9509

表 3-4 货币供给量与通货膨胀率检验结果

Null Hypothesis.	Obs	F – Statistic	Prob.
D (T) does not Granger Cause LM2	0	0.00000	0.0000
LM2 does not Granger Cause D (T)		0.00000	0.0000

先对货币供给量 LM_2 与经济增长变量(Δq)做回归分析得到如下回归方程:

$$Dq = 0.00191 LM_2 \qquad (3-58)$$

$$R^2 = 0.000025 \qquad 0.01378 \qquad DW = 2.1865$$

从上式统计特征看,两个变量回归拟合得很好。再对上式的残差 u_t 进行单位根检验,检验结果如表 3-5 所示。

表 3-5 残差 u_t 单位根检验结果

		t – Statistic	Prob. *
Augmented Dickey – Fuller test statistic		– 11.19904	0.0000
Test critical values:	1% level	– 3.487046	
	5% level	– 2.886290	
	10% level	– 2.580046	

检验结果说明,残差 u_t 拒绝存在单位根的原假设,是平稳序列,说明货币供给量 LM_2 与经济增长变量(Δq)之间具有协整关系,因而前面的回归分析不是"伪回归",而是有效的回归。从回归方程可以看出,经济增长变量(Δq)与货币供给量 LM_2 具有稳定的正向回归关系,即货币供给变动能够导致经济增长变量的同向变化,而且货币供给量是经济增长变

量格兰杰原因,中国货币政策这些特征表明中国货币政策在短期非中性,因而本书设定货币政策短期非中性是合理的。

3.6.4 货币政策传导经济机制的分析

本节主要针对货币政策传导利率、汇率、资产价格、信贷四大传导通道进行实证分析,实证分三步:第一步是货币政策供给到利率、汇率、资产价格、信贷规模的传导;第二步是利率、汇率、资产价格、信贷规模到净出口、投资、消费传导;第三步是从净出口、投资、消费到产出传导。先验证从净出口、投资、消费到产出传导,由于消费（Llx）、投资（Lkx）、净出口（j）是 I(0),产出（q）是 I(1),需要对产出（q）进行一阶差分,再对四个变量建立 VAR 模型,四个变量通过协整检验,格兰杰检验结果如表 3-6 所示。检验结果说明,无论单变量还是联合检验,净出口、投资、消费变化都是产出变动格兰杰原因,因而从净出口、投资、消费到产出存在传导通道。下面分别验证利率、汇率、资产价格、信贷规模到净出口、投资、消费传导。由于投资（Lkx）、净出口（j）、信贷规模（Ld）、消费（Llx）是 I(0),是平稳的,而利率（r）、汇率（Lh）、资产价格（Lhs）是 I(1),是非平稳的,进行一阶差分得到 dr、dLh、dLhs。再用 dr、dLh、dLhs、Ld 分别与 j、Llx、Lkx 三变量分三组建立三个 VAR 模型,分别做协整检验和格兰杰因果检验。经检验三组变量都具有协整关系,它们的格兰杰因果检验结果如表 3-7~表 3-9。由表 3-7 可知无论是单变量还是联合检验,利率、汇率、资产价格、信贷规模的变动都是消费变化的格兰杰原因,因而从利率、汇率、资产价格、信贷规模到消费存在传导通道。由表 3-8 可知,无论是单变量还是联合检验,利率、汇率、资产价格、信贷规模变动都是投资变化的格兰杰原因,因而从利率、汇率、资产价格、信贷规模到投资存在传导通道。由表 3-9 可知,无论是单变量还是联合检验,利率、汇率、信贷规模变动都是净出口变化的格兰杰原因,因而从利率、汇率、信贷规模到消费存在传导通道。而股票市值未能通过格兰杰因果检查,说明从资产价格到净出口不存在传导通道。

表 3 – 6　　　　　　　　对产出传导的检验结果
Dependent variable: D (Q)

Excluded	Chi – sq	df	Prob.
LKX	6.259494	2	0.0437
LLX	2.241768	2	0.0324
J	3.020949	2	0.0228
All	10.29197	6	0.0113

表 3 – 7　　　　　　　　对消费传导的检验结果
Dependent variable: LLX

Excluded	Chi – sq	df	Prob.
D (R)	2.165115	2	0.0387
D (LH)	4.039177	2	0.0327
D (LHS)	0.028231	2	0.0485
LD	2.696613	2	0.0259
All	7.875125	8	0.0445

表 3 – 8　　　　　　　　对投资传导的检验结果
Dependent variable: LKX

Excluded	Chi – sq	df	Prob.
D (R)	0.032781	2	0.0137
D (LH)	1.684850	2	0.0430
D (LHS)	0.494694	2	0.0281
LD	4.092102	2	0.0129
All	6.327053	8	0.4613

表 3 – 9　　　　　　　　对净出口传导的检验结果
Dependent variable: J

Excluded	Chi – sq	df	Prob.
D (R)	1.874192	2	0.0493
D (LHS)	2.241682	2	0.0326
LD	5.878986	2	0.0328
All	11.99673	6	0.0420

下面分析从货币政策供给到利率、汇率、资产价格、信贷规模的传导。由于利率、汇率、资产价格是I(1)，都是非平稳的，分别进行一阶差分。用货币政策供给 LM_2 分别与 dr、dLh、dLhs、Ld 做格兰杰因果检查，检验结果如表 3 – 10 ~ 表 3 – 13 所示。利率 dr 分别与 dLh、dLhs、Ld 做格兰杰因果检查，检验结果如表 3 – 14 ~ 表 3 – 16 所示。

表 3 – 10　　　　　　　对利率传导的检验结果

Null Hypothesis.	Obs	F – Statistic	Prob.
D (R) does not Granger Cause LM2	114	0.18780	0.0381
LM2 does not Granger Cause D (R)		0.46260	0.0157

表 3 – 11　　　　　　　对汇率传导的检验结果

Null Hypothesis.	Obs	F – Statistic	Prob.
D (LH) does not Granger Cause LM2	117	0.71701	0.0490
LM2 does not Granger Cause D (LH)		2.18583	0.0172

表 3 – 12　　　　　　　对股票市值传导的检验结果

Null Hypothesis.	Obs	F – Statistic	Prob.
D (LHS) does not Granger Cause LM2	117	1 56121	0.2144
LM2 does not Granger Cause D (LHS)		0.42100	0.0457

表 3 – 13　　　　　　　对信贷规模传导的检验结果

Null Hypothesis.	Obs	F – Statistic	Prob.
LD does not Granger Cause LM2	118	0.22208	0.0301
LM2 does not Granger Cause LD		0.57294	0.0265

表 3 – 14　　　　　　　利率对汇率传导的检验结果

Null Hypothesis.	Obs	F – Statistic	Prob.
D (LH) does not Granger Cause D (R)	117	2.78328	0.0461
D (R) does not Granger Cause D (LH)		1.17640	0.0312

表 3 – 15　　　　　　　利率对股票市值传导的检验结果

Null Hypothesis.	Obs	F – Statistic	Prob.
D (LHS) does not Granger Cause D (R)	117	0.53460	0.5874
D (R) does not Granger Cause D (LHS)		0.37051	0.0391

表 3-16　　　　　　　利率对信贷规模传导的检验结果

Null Hypothesis.	Obs	F – Statistic	Prob.
LD does not Granger Cause D (R)	117	0.48532	0.0416
D (R) does not Granger Cause LD		1.03347	0.0359

由表 3-10~表 3-13 可知，货币供给量变动是利率、汇率、资产价格、信贷规模变化的格兰杰原因；由表 3-14~表 3-16 可知，利率变化是汇率、资产价格、信贷规模变动的格兰杰原因。因而从货币供给量到利率、汇率、资产价格、信贷规模存在传导通道。综述前面的实证可知，本章所梳理的货币政策传导通道以及经济机制对于 2009 年 1 月至 2018 年 12 月期间 120 个月度中国货币政策传导的基础数据都是存在的。

从以上理论和实证分析可以看出，货币政策传导系统是一个涉及利率、信贷、汇率、资产价格等多层次和传导渠道的复杂经济系统，系统的各子系统和各层次之间并不是相互独立，而是相互作用、相互联系的整体。因而货币政策传导系统的每一层次、关联、子系统都仅只能代表系统一个侧面；每一层次都是上一层次的单元，每一层次元素间关系演化也都是上一层次系统演化行为的一个侧面，它们有助于货币政策传导系统功能的涌现。货币政策传导系统功能的实现有依赖于利率子系统、汇率子系统、资产价格子系统、信贷子系统的功能实现，而这些子系统功能的实现要通过系统复杂机制的运行载体——货币政策传导的经济机制来实现。可见，货币政策传导系统不同层次之间的关联影响着各个层次功能的实现。对于货币政策传导系统中的组元（即系统主体），居民、企业、金融机构都是"理性经济人"，是利益最大化的追逐者，他们的经济利益通常是不一致和矛盾的，而组元之间的利益协调就成为货币政策传导系统复杂性源泉。正是由于货币政策传导系统内有组织性活动和无组织的市场自由竞争之间的相互交叉与催化，使该系统更加复杂，其动态演化结果也更趋多样化。传统研究范式将货币政策传导系统化简为现实的线性近似，但复杂现象本身被简单化，大量有用信息也随之消失，对系统中一些经济现象也不能作出合理解释，因而仅从传统计量经济学的角度去思考和认识货币政策传导系统是不够的，必须从系统理论视角去探讨其复杂性机制和动态演化规律，以期提高货币政策传导的有效性。

3.7　本章小结

货币政策基本概念的简单分析表明，从货币政策工具启动到货币政策目标的实现是一个涉及多个层次、多变量且运行机制、结构也十分复杂的经济系统；对货币政策的作用机理分析表明从货币政策工具启动到货币政策目标实现的货币政策传导系统是一个非平衡的动态演化系统；通过对MF模型动态化从经济控制视角说明综合应用财政与货币政策能够实现对宏观经济的调控。在对货币政策中性、货币供给内生性理论演进基础上提出本书的研究假设；对货币政策传导的经济机制梳理分析表明货币政策传导的经济机制具有复杂性特征。基于中国货币政策传导的基础数据的实证分析说明货币政策传导基本通道与经济机制是存在的，本书两个基本假设也合理性。本章的实证和理论说明货币政策传导系统是一类典型的复杂经济系统，传统研究范式将之化简为现实的线性近似，虽取得许多成果，但复杂现象本身被简单化，大量有用信息也随之消失，对系统中一些经济现象也不能作出合理解释，因而仅从传统计量经济学的角度去思考和认识货币政策传导系统是不够的，必须从系统管理视角去探讨其复杂性机制和动态演化规律，以期提高货币政策传导的有效性。

货币政策传导系统复杂性
及演化研究：仿真与
中国数据的实证
Chapter 4

第4章 货币政策传导系统混沌特征研究

由第 3 章分析可知,货币政策工具启动到货币政策目标的实现是一个涉及多个层次、多变量且运行机制、结构也十分复杂的经济过程。为了与系统理论对接,将货币政策工具启动到货币政策目标的实现的经济过程定义为货币政策传导过程。本章将从系统结构特征视角来探讨货币政策传导系统复杂性及其对货币政策传导的影响。货币政策传导系统作为一类典型的复杂经济系统,本章首先对货币政策传导系统的复杂性特征表现形式进行阐述;其次从时间结构视角分析货币政策传导系统复杂性,将混沌思想引入货币政策传导系统研究,用混沌方法对货币政策变迁过程建立了动力学模型,用蝴蝶效应对货币的乘数效应、金融危机等现象提出系统理论的阐释,并利用中国证券市场的经验数据对货币政策传导系统混沌性进行验证;讨论货币政策传导系统混沌性的政策启示。

4.1 货币政策传导系统复杂性特征的表现形式

货币政策传导系统作为复杂经济系统的一个构成部分,其自身也是一类有代表性的复杂系统,它除了具有一般系统所具有的特征外,还体现为关系复杂、结构复杂、行为复杂和机制运行环境复杂等特征,是一个有人参与、开放的、具有自组织能力的,由社会、经济、金融复合而成的系统[29]。系统思想引入货币政策传导系统的复杂特征研究,用系统管理及复杂系统理论来研究、分析和指导货币政策传导系统的监管与运行活动,可以有效提高货币政策传导。货币政策传导系统作为金融系统子系统,同其他复杂经济系统一样具有各种正负反馈机制和非线性作用相互耦合、交织在一起等复杂系统行为。在这个复杂经济系统中各种各样的因素相互作用,看似无序、杂乱无章,但是实际上其内部有着一定的因果关系。其复杂性特征表现为以下几点。

4.1.1 系统的开放性

系统的开放性源于系统对外部环境的开放。经济系统、金融系统都是开放的系统，作为与其相伴而生的货币政策传导系统也是开放的，它会受到政治环境、经济环境、金融环境、科技环境等社会因素的影响和制约。随着经济开放和全球化的影响加深，货币政策传导系统和外部的政治、金融、经济、科技环境之间的联系更加紧密，通过和外部经济金融环境之间相互作用、相互影响，进行信息、能量和物质的交换。货币政策传导系统正是通过其对外部经济金融环境的开放，与经济金融环境互动，才能使货币政策有效传导。货币政策传导系统通过其经济机制和传导通道与外部经济金融环境互馈，获取系统运行以及货币当局对宏观经济进行调整所必需的信息和指令，同时货币政策传导系统也不断地加工，并向外部经济环境输送出系统演化中的关键参数信息，以使货币当局能依据系统反馈出参数信息调控宏观经济运行。在由利率、信贷、汇率、资产价格等多种传导渠道和层次所构成的货币政策传导系统中存在不同内容的货币政策可选集，这个货币政策集合也是开放的，可以随时补充进来新的政策工具，淘汰失去存在价值的政策工具[29]；此外，在货币政策的供给与需求中存在来自货币政策传导系统的外部环境力量的冲击与挑战，这种力量是货币政策传导系统与外界交换物质、能量、信息而产生的。如我国国有商业银行进行股份制改造、利率市场化改革、汇率改革、证券法的制定、人民币国际化等都是货币政策传导系统开放、逐步演化的结果。开放性即经济、金融环境的复杂性，也就是货币政策传导系统与外部经济、金融环境相互关系的复杂性，是货币政策传导系统复杂性的重要表现，也是货币政策传导系统演化、发展的基础。

4.1.2 系统的演化性

与一般系统一样，货币政策传导系统总是处在不断的演化中，在演化中达到优化。货币政策传导系统中经济机制以及各个子系统都是通过一系列与时间相关的复杂交互过程来影响宏观经济运行。货币政策传导系统的演化性主要表现为：系统的结构、功能、动力和机制等不断变化。在推动货币政策传导系统演化的力量中，除了货币政策传导系统政治、经济、金融等外部环境力量外，在系统内部的利率、汇率、资产价格、物价等要素的改变也是货币政策变迁的推动力。在经济开放和全球化条件下,由于国际资本流动、金融创新和投融资工具的多样化等,导致货币政策安排中成本和效益关系处于不断的变动之中,远离彼此间平衡的态势,从而不断产生出货币政策安排和变迁的力量,使货币政策传导系统远离平衡态,整个货币政策传导系统处于远离平衡态的不断变动之中。在这种条件下货币政策传导系统通过自组织形成耗散结构,自组织地产生出复杂性,从而进一步通过涌现、突变等非线性实现系统优化和平衡。由此可见,在货币政策传导系统内、外部力量的作用下,使该系统成为一个动态变化并且能够产生分岔、突变、混沌等奇异性及多样性、创新性的动力学系统[29]。这也正是货币政策传导系统产生复杂性的最重要的动力根源。

4.1.3 系统的非线性

非线性是复杂系统存在的基础。它使复杂系统的特征不可以从各个组分的特征逻辑推导而出。货币政策传导系统是一个多目标、多变量、非线性的综合体。在它的发展演化过程中,往往受到多种因素的影响,这就决定了其具有非常复杂的相互依赖和相互制约的关系。因而在货币政策的变迁中,一方面存在自我强化和自我稳定的作用机制,存在所谓的"路径依赖特征",即系统中组元(居民、企业、金融机构、货币当局)通过学习效应、定向选择机制、沉淀成本计算、适应性预期等机制使货币政策传导系统依赖于由系统某种状态获得最优动力机制,并保持对这种具有初始优势系统演化行为的强化,从而增强对这种路径选择,并最终使货币政策传导系统演化被锁定在该轨道上,即使系统发生了演化,系统也不会完全回到系统最初状态。另一方面也存在不断适应环境的行为过程和功能机制,还存在货币政策变迁中的学习效应、协调效应,在货币政策传导的经济机制以及各个子系统持续不断的交互、反馈过程中,其系统主体相互学习并积累经验,并会利用所学到的经验去改进其自身行为方式与决策结构,从而引起货币政策传导系统的不断演化;同时在货币政策传导系统中存在各种随机的涨落,这些涨落不断地通过各种非线性作用机制形成巨涨落,最终产生新的货币政策安排,导致突变的发生[29],所以实际货币政策传导过程不可能按线性方式来运行。

在货币政策传导系统中，不仅其传导的经济机制是复杂的，而且其组元之间的关系也是复杂和非线性的。系统中各组元不仅会努力改善其自身的适应性，而且也不断地调整与其他组元之间、与系统整体之间的非线性关系，同时这种非线性相互作用机制和强度在货币政策传导中从操作指标到最终指标的各个传导层次和环节上都形成了动态非平衡的自组织网络，呈现出不满足叠加原理的复杂非线性作用机制。适度的非线性是货币政策传导系统平稳运行的必要因素，也是一种潜在的不稳定的风险因素。过强的非线性会导致货币政策传导系统的紊乱，并且使系统演化出很强的随机性和不确定性，进而使系统达到混沌边缘。所以系统的非线性、对环境的适应过程以及涨落、突变都是产生出系统复杂性的必要因素。

4.1.4 系统的涌现性

涌现性是指系统整体具有，但系统中孤立的部分及其总和所不具有的功能、特征、属性和行为，它是基于系统中大量组元相互作用且在系统整体层次上才能表现出来的一些新属性和新现象，整体涌现性强调的是系统中组元的非线性相互作用。因而系统复杂性的最基本表现就是整体涌现性。系统的总体演化特征是由系统中组元组合而产生的整体效应涌现而成的，系统理论就是从系统的整体出发，研究系统内各个组元的相互作用和联系，并具体分析各种相互作用的非线性系统性质。货币政策传导系统的涌现性是由货币政策传导系统的整体效应和结构效应共同产生的。当货币政策传导系统受到来自外部经济环境影响时，会促使系统中不同的组元及其经济传导机制产生不同的反映，例如，当货币政策变动时，各个企业的产出和价格会对货币政策分别做出不同的反应。各个企业对货币政策反应体现在企业反应的方向、速度和程度上。但该行业企业的整体行为并不是这些影响和反应的简单叠加，而是涌现出单个组元所不具备的整体特征；同样，货币政策传导系统整体的行为也不是各子系统行为的简单叠加，而是涌现出更为宏观的系统整体行为，这种系统整体行为是其子系统和组元所不具备的。可见，货币政策传导系统的行为会随着系统层次的递进而发生演化，一方面展示出单个子系统所不同的特征，另一方面呈现出系统价值与功能的涌现效应。

货币政策传导系统的涌现性主要表现为：一是货币政策高效传导的涌现，表现为有效发挥货币政策的总量效应以及产业调节功能；二是学习和创新能力的涌现，表现为系统主体通过自学习过程，培育货币政策决策者、执行者以及其他系统主体的自主决策能力与理性思考意识；三是系统协同能力的涌现，表现为货币政策体系内、外协同机制的增强；四是金融机构竞争力的涌现，由于金融机构是货币政策传导的中介机构，通过系统的制度结构联结为柔性的协作整体，形成高效的金融创新能力，具有更强的抗金融风险能力。总之，货币政策传导系统的涌现性既能促进系统对外部经济金融环境的适应，又能有效提高系统整体传导功能，促进其与其他经济系统进行互补、互馈功能实现。在这个过程中，货币政策传导系统涌现出了单个子系统或传导通道所不具有的政策价值、系统行为和功能。

4.1.5 系统的不确定性

货币政策传导系统由于其复杂性及其外部经济金融环境的时变性，充满着大量不确定和随机因素。随着金融的国际化、全球化，货币政策传导系统内组元间的关联关系、系统与外部环境的关联关系以及系统内外不可控制因素等的存在，使货币政策传导系统中不确定因素和随机性增强，系统也越来越不稳定。因此，对系统动态演化行为的预测也就变得更加困难和复杂，货币当局对系统行为的预测能力取决于货币当局对系统结构的掌握程度及对系统外部环境中不确定因素的准确预测。在信息不完全以及不确定性条件下，系统中不确定性和随机性就会通过系统中非线性作用机制和互馈机制在系统中各个传导通道以及子系统之间直接或间接传导给其他经济系统或子系统，从而进一步放大货币政策传导系统的复杂性和不确定性。在传统分析范式中，虽然也注意到了货币政策传导系统动态演化中的不确定性和随机性，但是由于其分析方法和思想的限制，仅在信息完全的假设和对系统中不确定性和随机性进行很强的限制下，利用经济计量方法对货币政策传导进行研究，但是由于传统研究范式的假设和方法与现实的系统间存在很大的差距，导致了货币政策传导研究与货币政策传导实际在一定程度上的脱节。因此，只有采用系统的思维方式，利用与系统理论有关的非线性、非平衡、混沌、分形、突变性、非周期性的系统思想和方法，在考虑不确定性的条件下探究货币政策传导系统的内在随机性，货币政策传导系统的运行规律才能真正地被认识和理解，并通过不断学习，调整和控制货币政策传导系统的参数，才能使系统向稳定、高效传导的方向演化。

4.1.6 系统组元的复杂性

货币政策传导系统的主体是银行、企业、个人，所以与其他复杂系统相比，货币政策传导系统最大的不同在于人的参与性。由于它的组元众多，人是关键因素。而作为个体的人具有适应性、智能性、主动性、随机性，会根据经济、金融环境来调整自身的决策行为，并且能够辨识经济、金融环境，预测未来，在经验中学习，以形成新的决策。同时，不同主体之间，主体与经济、金融环境之间互动互应，系统中的主体并自主地做出决策，每个主体的决策不仅要考虑过去和当前的状态，还要考虑其他主体的行为，通过各个主体相对较低的智能行为，系统在整体上会显现出更高层次、更加复杂的智能决策。货币政策制定就是系统智能决策的结果，从根本上讲货币政策制定就源于货币政策传导系统主体间的竞争、合作等相互作用，最终通过博弈而制定。由于货币政策制定者和执行者的理性、有限理性及非理性都是极其复杂的、非线性的，使货币政策传导系统也呈现出多样性和复杂性。

由本章论述可知，货币政策传导系统由于涉及利率、信贷、汇率、资产价格等多种传导渠道和变量而使其结构、环节、机制都十分复杂，货币政策传导系统同时也是货币政策的金融环境、货币政策的目标、货币政策规则、货币政策的工具、货币政策的传导渠道、货币政策的外部因素冲击的函数，因而是一类典型的复杂经济系统。由于人的参与使货币政策传导系统显得与众不同，许多问题不能用传统的平衡、线性、静态等还原方法获得满意解决，需要用与复杂性有关的非线性、非平衡、混沌、分形、突变性、非周期性的系统思想和方法来解决,这为货币政策传导系统提供了一种新的分析方法和视角[29]。本书将在国内外资本市场复杂性研究现状的基础上,从时间结构视角来探讨货币政策传导系统的复杂性。首次将混沌思想引入货币政策传导系统这一特殊经济系统研究,用混沌方法对货币政策变迁建立动力模型,用蝴蝶效应对货币的乘数效应、金融危机等现象提出系统理论的阐释,利用中国证券市场的经验数据对货币政策传导系统混沌性进行验证,并提出相应的政策建议。

4.2 混沌理论的分析框架

混沌是指确定性系统所产生的一种对初始条件具有敏感依赖性的回复性、非周期、貌似无规则的运动。混沌是非线性动力系统所特有行为,其对初始值的依赖性十分敏感,即初始值的极微小扰动,会通过系统的非线性机制放大为系统的宏观行为——巨涨落,对整个系统行为产生巨大而深远影响,因而系统性质、结构、过程、功能的演化行为也都难以预测。混沌也因其对初值的敏感依赖性而具有稠密的周期轨道且不能分解,所以它的外在表现为混乱无序,与纯粹的随机运动很相似,实则具有规律性(有序),主要体现为其行为是基于确定性和非线性系统的内在随机性。因而混沌理论在随机与确定、简单与复杂之间架起了一座桥梁,反映了隐匿在复杂现象背后的有序结构和规律性以及无序与有序之间、子系统与系统整体之间的动态演化机制。

混沌系统具有初始条件的敏感依赖性、内在随机性、标度不变性、分形性四个重要因素。(1)初始条件的敏感依赖性表明混沌系统的初始条件任意微小改变都会导致系统最终状态出现巨大变化,这是混沌系统最本质的特征表现,因而系统长期演化行为难以准确预测;(2)内在随机性表明尽管混沌系统是由无附加任何随机因素的确定性方程描述,但混沌系统仍然会表现出一定的随机性;(3)标度不变性表明混沌系统具有一定规律性,系统在由分岔导致混沌的演化进程中须满足一定的普适性数量特征;(4)分形性表明混沌系统的奇怪吸引子具有分形结构以及分数维。以上4

个要素也表明混沌系统是有序和无序的统一,它们也是混沌理论关于系统动态演化的内在机制和演化途径主要观点。

混沌理论起源自然科学的研究,随着研究的深入发现,混沌现象不是偶然的、个别的现象,而是自然界和人类社会中的一种十分常见的现象,也普遍存在于各种各样的宏观及微观的复杂社会经济系统中。货币政策传导系统是一类典型复杂的社会经济系统,涉及从货币政策的执行到结果的整个过程,在这个过程中它不断偏离平衡态,却能保持相对稳定,并且能通过自组织到临界态打破原有的稳定状态,演化到新的稳定态,因而具有混沌特征。把混沌理论引入货币政策传导系统研究,能为货币政策传导监管与治理提供新的理念、视角与方法。下面将以混沌理论的核心要义作为理论框架,分析货币政策传导系统的复杂性机制。

4.3 货币政策传导系统的混沌模型

所谓复杂系统,是指非线性的且在临界性条件下呈现混沌现象或混沌性行为的系统。货币政策传导系统是一类典型的复杂社会经济系统,也会产生分岔、突变及混沌等复杂性行为。下面通过建立一个货币政策传导系统的动力学模型并展示其存在的混沌特征,以更深入地揭示货币政策传导系统的复杂性特征,然后在阐述其混沌特征在货币政策制定和货币政策传导系统的非均衡变动中的作用。

一项货币政策的制定或变动都受到赞同或反对两种力量的作用,并且货币政策的制定者往往需要根据制度实施一段时间之后的情况来矫正下一阶段货币政策变化的内容和方向。根据货币政策传导系统的特点,可以建立以下货币政策制定的动力学模型[30]:

$$\begin{cases} \dfrac{dx(t)}{dt} = ax(t) + F[x(t-T)] \\ F(x) = xG(x) \end{cases} \quad (4-1)$$

其中,$x(t)$ 表示推动和反对新的货币政策各种力量合并后的力量,$\dfrac{dx(t)}{dt}$ 表示货币政策变动的速率,a 是变动速率,T 表示时滞,$F[x(t-T)]$

表示货币政策传导系统内部的控制关系,它由反馈信号 x(t-T) 和反馈函数 G 组成。式(4-1)说明,货币政策变动的快慢与推进和反对货币政策变化的合并力量 x(t) 及控制货币政策变动的因素所产生的力量有关。在控制函数中存在时滞 T,这是由于反馈信息及调节必须在货币政策实施一段时间之后才能产生所决定的。式(4-1)的第一个方程是一个单变量的延时方程,即非线性系统的动力学方程,它含有非线性项,是这个货币政策传导非线性系统内部多因素的交叉耦合作用机制的数学描述。正是由于货币政策传导系统多因素的交叉耦合作用机制,才导致货币政策传导系统的初值敏感性,即蝴蝶效应,以及系统所呈现的分岔、混沌等复杂行为。由于把方程中的延时操作写作算子的形式,就可以把延时方程化为多变量的自治方程。根据混沌理论,在三个以上变量的自治方程中可能出现分岔和混沌[31]。

考虑到货币政策传导系统动态演化的复杂性,G(x) 为对称的非线性函数,即 G(x) = G(-x),以分别描述货币当局对货币政策传导系统治理与以及系统动态演化的速度。因而可设:

$$G(x) = -be^{\frac{-x^2}{\sigma^2}} \qquad (4-2)$$

其中,b 为控制参数,σ 是标度参数,则前面的模型可化为:

$$\frac{dx(t)}{dt} = ax(t) + bx(t-\tau)e^{\frac{-x(t-\tau)^2}{\sigma^2}} \qquad (4-3)$$

这是个含有时滞的微分方程模型,其解可以是稳定解、极限环解、多周期的长波解以及混沌解(陈平,1987)。这表明货币政策传导系统可以产生混沌这一极其复杂的系统行为。

4.4 货币政策传导系统中的蝴蝶效应

货币政策传导系统是混沌的,而混沌在复杂系统的整体涌现为蝴蝶效应。蝴蝶效应是指复杂系统对初始条件敏感性的一种依赖现象:输入端微小的差别会迅速放大到输出端压倒一切的差别。一种看似微不足道的细小变化,却能以某种方式对系统产生巨大的影响,甚至影响整个社会经济系统的正常运行。它是对具有混沌的复杂系统演化轨道不稳定的一种反映。混沌的这一特性对经济学、金融学具有深远的影响，其深刻的政策含义为：不能忽视单一的货币政策非一般或非正常操作，能够导致整个系统成为巨大的、不可预知的复杂变化和整体涌现性[32]。

货币的乘数效应就是货币政策传导系统蝴蝶效应的一种典型的表现形式。货币乘数是指货币供给量对基础货币的倍数关系，即中央银行创造或缩减一单位的基础货币而导致货币供给量增加或减少的倍数，也是基础货币与货币供应量扩张、缩减关系的数量表现。在货币供给过程中，中央银行的基础货币与社会供应货币最终形成量之间客观存在数倍扩张（或收缩）的效果或反应，即货币乘数效应。在理论上，货币政策乘数效应可简单地用以下公式表示：

$$M = k \cdot B, k = \frac{r_c + 1}{r_d + r_e + r_c} \quad (4-4)$$

其中，M、k、B、r_d、r_e、r_c 分别代表货币供应量、货币乘数、基础货币、法定准备率、超额准备率、现金在存款中的比率。

从前面公式可以看出，当基础货币及货币乘数的各决定因素发生变化时，就会通过货币传导系统导致货币供应量巨大改变，从而对宏观经济产生一系列复杂的影响。这种对初始条件、参数和环境的微小变化都具有相当的敏感性，并能将微小的涨落放大成宏观复杂系统行为，这就是复杂系统的整体涌现性行为蝴蝶效应或者积累效应。

货币政策传导系统的这种系统特性是货币当局进行货币供应量调控的理论基础。当经济增长过快、通胀压力加大时，就实施从紧的货币政策，提高利率或者法定存款准备金率，紧缩货币供给与信贷，给过热的经济降温，抑制过高的通胀率；反之，当经济增长率下滑，或者有衰退风险时，货币政策则要降低利率，增加货币供应量和信贷总量，保障流动性供给，刺激投资和消费。从而保证经济快速、高效运行。

金融危机是货币政策传导系统蝴蝶效应的另一种表现形式。2008年爆发全球性的金融危机，它始于美国的次贷危机，因次级抵押贷款机构破产、投资基金被迫关闭而导致股市剧烈震荡引起的风暴，进而致使全球主要金融市场出现流动性不足。次贷危机发生的初始条件是信贷环境改变特别是房价停止上涨。它直接原因是美国的利率上升和住房市场持续降温。利息上升,导致还款压力增大,就出现房贷违约的可能,对银行贷款的收回造成了影响,引发"次贷危机"。

美国利率和房价变化的"蝴蝶翅膀"扇动出次贷危机的发生和演变的"路线图":地产泡沫破裂→借款人断供潮→次级债券市场价格暴跌→投资银行、保险公司和商业银行亏损或倒闭→资本充足率要求、对手违约风险与经济衰退预期→商业银行惜贷或信贷收缩→财富效应和信贷收缩导致居民消费和企业投资下降→经济步入衰退→全球性的金融危机爆发。随着全球金融动荡的加剧,世界各国都不同程度地出现了流动性短缺、股市大跌、汇率震荡、出口下降、失业率上升等现象,使全球金融市场和实体经济都受到沉重的打击,对世界经济产生深远的影响。通过对次贷危机演化为全球金融危机过程机制的分析表明,在货币政策传导这个动力系统中,在初始条件(美国的利率上升和房价下降)发生微小变化,通过系统非线性、混沌等作用带动整个传导系统的巨大的连锁反应——蝴蝶效应即全球金融危机。

由以上分析,可以看出货币政策传导系统的蝴蝶效应是一条感应链,它不仅具有传递的机制,还具有不断放大其影响力的作用;同时也是一把"双刃剑",它能提供有效的宏观经济控制手段,也能导致破坏性巨大的金融危机。它既可用于优化宏观经济控制,保证宏观经济在发展和创新中的风险能够得到合理分担,增强货币政策传导系统的稳定性,也可以完全相反。因此,在货币政策传导系统中要特别注重这种"蝴蝶效应"的存在。

4.5 实证研究

由第 3 章可知,货币政策的股票价格传导是货币政策资产价格传导的重要渠道,有资产负债表、流动性效应、财富效应和托宾 q 效应等 4 种具体经济传导机制。随着我国资本市场的不断发展和完善,资本市场上的金融资产存量的大量增加,货币政策可以通过股票价格的资产负债表、流动性效应、财富效应和托宾 q 效应等 4 种传导机制影响消费和投资,引起社会总需求变化,当价格黏性时,总需求的变化必然导致产出的改变,进而产出的变化对价格产生影响,如果总需求上升超过总供给,就会出现通货膨胀的压力。这一系列的传导机制说明股市对实体经济的重要影响,也说明股市是货币政策传导系统一个重要环节和传导通道。因而股市波动混沌特征也必然是货币政策传导系统混沌特征的重要表现形式和重要组成部分。

随着经济全球化,我国的经济与世界经济已经完全融合在一起,货币政策通过股市对实体经济的影响越来越重要。同时,从我国宏观经济发展的现实看,迅速发展的股市已经在宏观经济中占据重要的地位,股市对宏观经济与货币政策的影响日益明显,特别是股票价格波动混沌特性也必然会通过货币政策的传导经济机制对宏观经济系统产生深远的影响。在本节中将以沪深股市 2009 年 1 月至 2018 年 12 月日收盘数据为样本来实证股票价格具有波动混沌特性,并以此来例证货币政策传导系统的混沌特征。

4.5.1 实证的理论框架

股市市值表现为离散时间序列,其中蕴涵着丰富动力学信息,本节实证将利用时间序列的相空间重构技术和 Wolf 方法来识别股市波动中的混沌现象,下面先对这些理论工具进行简单的梳理。

4.5.1.1 混沌的数学定义

现代混沌定义是由数学家李天岩和约克于 1975 年在《数学月报》发表《周期 3 意味着混沌》提出的。其精确定义如下:

定义 4.1:如果 $\theta^k(x) = x$ 且 $\theta^i(x) \neq x (0 < i < k)$,x 是映射 θ 的 k 周期的周期点。

定义 4.2:如果对于 $\forall x \in J$,$\theta(x) \in J$,$\exists S < J$,其中 S 是不可数集合,J 是实数区间,当满足以下条件时:

第一,对于 $\forall x, y \in S$ 且 $x \neq y$,有:

$$\limsup_{n \to \infty} |\theta^n(x) - \theta^n(y)| > 0 \tag{4-5}$$

$$\liminf_{n\to\infty} |\theta^n(x) - \theta^n(y)| = 0 \qquad (4-6)$$

第二，对于所有周期点 $x \in J$，所有 $y \in S$：

$$\limsup_{n\to\infty} |\theta^n(x) - \theta^n(y)| > 0 \qquad (4-7)$$

则映射 θ 在不规则集合 S 上是混沌的。

4.5.1.2 Lyapunov 指数

分析系统的 Lyapunov 指数是识别系统混沌特征的重要方法。Lyapunov 指数（LE）是指在系统相空间中随着时间的推移两条相互靠近的轨线按指数分离或聚合的平均变化速率。

最大 Lyapunov 指数定义为：

$$\lambda_{max} = \frac{1}{t_M - t_0} \sum_{k=1}^{M} \ln \frac{L(t_k)}{L(t_{k-1})} \qquad (4-8)$$

其中，$L(t_k)$ 表示 t_k 时刻最邻近两点间的距离；M 为计算总步数。最大 Lyapunov 指数是一个混沌系统对初值的敏感依赖性的有效地定量描述，是识别混沌系统奇异吸引子的重要指标。最大 Lyapunov 指数的倒数，表示系统误差扩大一倍所需要的时间，即为系统可预报的时间尺度。

如果 Lyapunov 指数小于 0，则说明在该方向上系统的相体积是收缩的，在此方向上系统运动是稳定的，这时 Lyapunov 指数度量了系统受到扰动后恢复自己的时间；如果 Lyapunov 指数大于 0，则表明在该方向上系统的相体积不断折叠和膨胀，这时系统中的吸引子在即使邻近的轨线也会不相关，从而使系统的初态对任何不确定的长期系统行为都无法不可预测，即混沌系统的初值敏感性，这时 Lyapunov 指数度量系统在邻近两点间发散时间。因而如果测算出所研究系统的吸引子的最大 Lyapunov 指数大于零，则系统必然是混沌的。

计算系统的 Lyapunov 指数方法有：GSR 方法、Wolf 方法、神经网络方法、小波变换方法等，本节采用 Wolf 方法来测算沪深股市的 Lyapunov 指数。

4.5.1.3 相空间重构

实际复杂系统通常是多维的，但是由于系统本身的复杂性和认识困难，通常只能采集到复杂系统某一状态的一维时间序列，因而需要相空间重构技术通过一维时间序列来分析、表达和还原系统整体行为。相空间重构的目的在于在高维相空间中恢复原系统的混沌吸引子。混沌吸引子作为混沌系统的特征之一，体现着混沌系统的规律性，意味着混沌系统最终必然会落入某一特定的轨迹——奇异吸引子。通过相空间重构，可以找到隐匿在奇异吸引子中系统动态演化规律。相空间重构是通过一维时间序列数据中反向构造原系统相空间，进而提取、恢复出系统基本的演化规律。相空间重构基本思想：系统中与之相互作用的其他分量能够决定任一分量的演化，同时这些相关分量的信息都隐藏在任一维分量的演化过程中。相空间重构基本方法是延迟矢量法，是由 Packard 提出，Takens 为之奠定数学基础。

令 $x(t)$，$t=0,1,2,\cdots,N$ 为所研究的时间序列，如果能适当选定嵌入维数 m 和时间延滞 τ，$N'=N-(m-1)\tau$ 表示向量序列的有效长度，即重构之后相空间矢量的长度。重构后得到 m 维相空间矢量 Y_n，$t=0,1,2,\cdots,N'$。Y_n 每个分量都具有 m 个元素，是从 $x(t)$ 中 $x(n)$ 为起点，每隔 τ 个观测值选取一个元素组成。

$$y_1 = (x_1, x_{1+\tau}, \cdots, x_{1+(m-1)\tau})^T$$
$$y_2 = (x_2, x_{2+\tau}, \cdots, x_{2+(m-1)\tau})^T$$
$$\cdots\cdots$$
$$y_{N'} = (x_{N'}, x_{N'+\tau}, \cdots, x_{N'+(m-1)\tau})^T \tag{4-9}$$

假如动力系统的维数为 d，按照 Takens 定理，当嵌入空间维数充分大，重构的相空间就可以在拓扑等价的意义下恢复吸引子的动力学特性。即重构后的动力系统极限集的稳定性、最大 Lyapunov 指数、分形维数等保持不变。重构相空间的关键是正确地选取嵌入空间维数 m 和延迟时间 τ。若 m 选择太小，将难以展示动力系统的复杂行为的精细结构。嵌入维数 m 具体的范围如下：若原系统的状态空间维数是 m，且时间序列没有噪音，则嵌入维数需要满足 $m > 2d+1$；当时间序列有噪音时，则嵌入维数需要满足 $m = 2d+1$。

4.5.1.4 Wolf 方法

1985 年，Wolf 给出测度重构相空间中相邻两点之间的距离随时间的发散速率——最大 Lyapunov 指数的计算方法。设时间序列 $x(t)$，$t=0,1$，

2，…，N，嵌入维数 m 和时间延迟 τ，则重构相空间：

$$Y(t_i) = (x(t_i), x(t_{i+\tau}) \cdots x(t_{i+(m+1)\tau}))^T \quad (t = 0, 1, 2, \cdots, N) \quad (4-10)$$

取初始点 $Y(t_0)$，设与其最邻近点 $Y_0(t_0)$ 的距离 L_0，追踪这两点的时间演化，知道 t_1 时刻，其间距超过规定值 $\varepsilon > 0$，$L_0' = |Y(t_0) - Y(t_1)| > \varepsilon$，保留 $Y(t_1)$，并在 $Y(t_1)$ 的邻近再照一个点 $Y_1(t_1)$，使 $L_1 = |Y(t_0) - Y_1(t_1)| < \varepsilon$，并且与之夹角尽可能小。

继续上述过程，直到 $Y(t)$ 到达时间序列的终点 N，这时追踪动态演化过程总的迭代次数为 M，则最大 Lyapunov 指数为：

$$LE = \lambda_{max} = \frac{1}{t_M - t_0} \sum_{k=1}^{M} \ln \frac{L_i'}{L_i} \quad (4-11)$$

4.5.2 实证过程

4.5.2.1 样本选取

上海与深圳证券综合指数是分别由上海与深圳证券交易所编制的，以上海、深圳证券交易所挂牌上市的全部股票为计算范围，以样本股的发行股本数为权数进行加权计算，其反映了上海与深圳证券交易市场的总体走势。上海与深圳证券综合指数是投资者进行投资的重要指标，也是反映沪深股市波动的重要指标。而沪深股市收盘数据为样本实证股票价格具有波动混沌特性。

书中数据来自沪深证券交易所网站所公布综合指数的日收盘数据，沪市样本选自 2009 年 1 月至 2018 年 12 月的日综合收盘指数为研究对象，深市样本选自 2009 年 1 月至 2018 年 12 月的日综合收盘指数为研究对象。上海股市样本容量有 2341 个，深圳股市样本容量有 2341 个。书中所用工具为 EViews 10 和 Matlab 2018。

4.5.2.2 上海股市的最大 Lyapunov 指数

以 sh_t 代表沪市综指日收盘数据，则上海综合指数走势如图 4-1 所示。为了消除数据中干扰因素对沪市综指日收盘数据作对数化处理，

$Lsh_t = LN\left(\dfrac{sh_t}{sh_{t-1}}\right)$，这时上海综合指数对数化走势如图 4-2 所示，已经显示很强的波动混沌性特征。下面利用 Matlab 2018 编程来计算上海股市综合指数的最大 Lyapunov 指数。取延滞时间 8d，延迟时间 s = 6d，逐步增大嵌入维数 m，利用 Wolf 方法得到计算结果如表 4-1 所示。

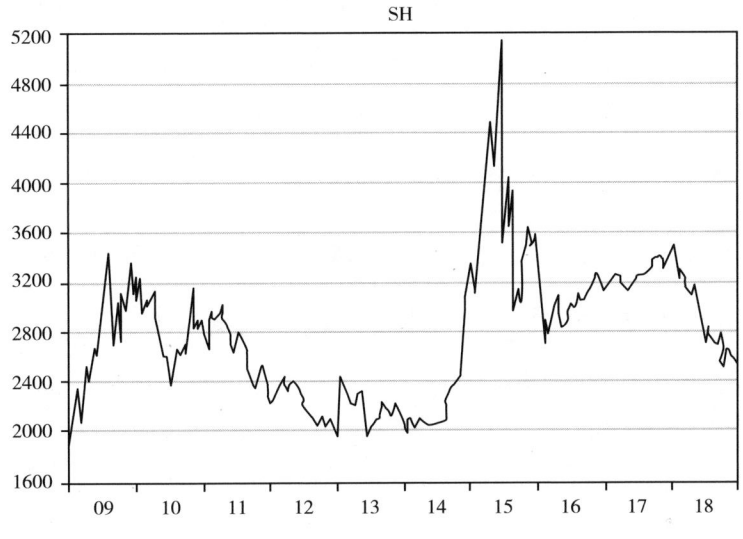

图 4-1　上海股市综合指数走势

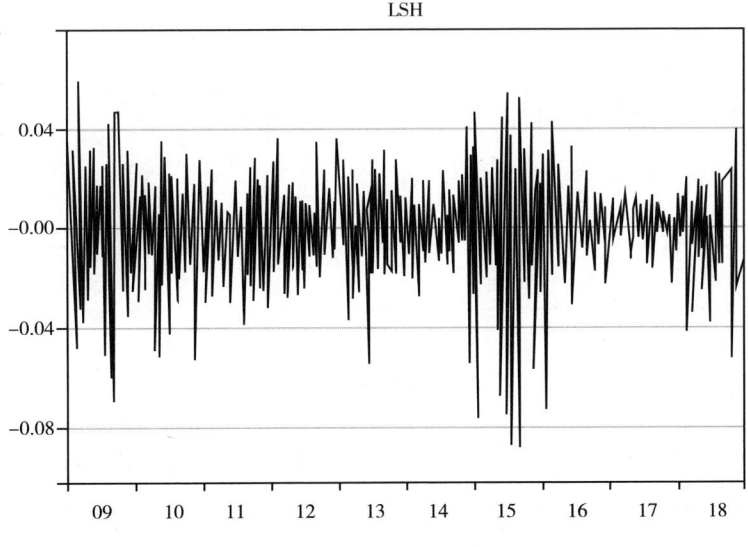

图 4-2　上海股市综合指数对数化走势

表 4-1　　　　上海股市综合指数的最大 Lyapunov 指数

嵌入维数 m	10	13	14	15	16	17	18
最大 Lyapunov 指数	0.298	0.193	0.197	0.216	0.171	0.156	0.159
嵌入维数 m	19	20	22	23	24	25	30
最大 Lyapunov 指数	0.103	0.093	0.082	0.076	0.078	0.077	0.075

由表 4-1 可以看出，随着嵌入维数 m 的增大，上海股市综合指数的最大 Lyapunov 指数降低，并稳定在 0.075，所以认为上海股市综合指数的最大 Lyapunov 指数是 0.075。

4.5.2.3 深圳股市的最大 Lyapunov 指数

以 sz_t 代表深市综指日收盘数据，则深圳综合指数走势如图 4-3。为了消除数据中干扰因素对深市综指日收盘数据作对数化处理，$Lsz_t = LN\left(\dfrac{sz_t}{sz_{t-1}}\right)$，这时深圳综合指数对数化走势如图 4-4，已经显示很强波动混沌性特征。

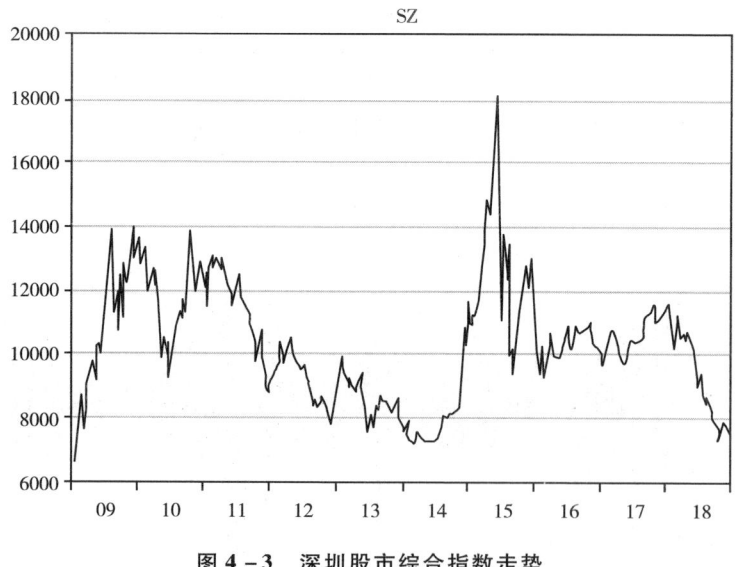

图 4-3　深圳股市综合指数走势

下面利用 Matlab2018 编程来计算深圳股市综合指数的最大 Lyapunov 指数。取延滞时间 8d，延迟时间 s=6d，逐步增大嵌入维数 m，利用 Wolf 方法得到计算结果如表 4-2。

第4章 货币政策传导系统混沌特征研究

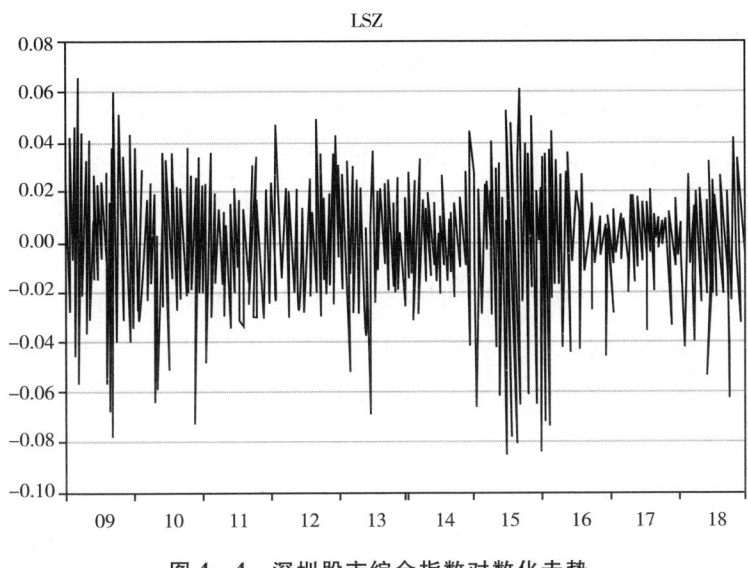

图 4-4 深圳股市综合指数对数化走势

表 4-2 深圳股市综合指数的最大 Lyapunov 指数

嵌入维数 m	10	13	14	15	16	17	18
最大 Lyapunov 指数	0.303	0.191	0.198	0.216	0.170	0.156	0.159
嵌入维数 m	19	20	22	23	24	25	30
最大 Lyapunov 指数	0.143	0.108	0.091	0.068	0.074	0.082	0.068

由表 4-2 可以看出随着嵌入维数 m 的增大，深圳股市综合指数的最大 Lyapunov 指数降低，并稳定在 0.07，所以认为深圳股市综合指数的最大 Lyapunov 指数是 0.07。

4.5.3 实证结果分析

本节采用李雅普诺夫指数法具体研究了我国沪深股市的混沌特征。实证分析中选取沪市综合指数 2009 年 1 月至 2018 年 12 月日收盘值的对数收益率序列计算得到沪市最大李雅普诺夫指数为 0.075。由于沪市的最大李雅普诺夫指数值为正，

因而沪市股指波动中存在混沌效应，具有奇异吸引子。选取深圳股市综合指数 2009 年 1 月至 2018 年 12 月的日收盘值对数收益率序列计算得出

深圳股市的最大李雅普诺夫指数为 0.07。深圳股市的最大李雅普诺夫指数值为正,因而深市股指波动存在混沌效应,也具有奇异吸引子。上述分析定量地表明我国股市波动出现明显的混沌性。由于股市是货币政策传导的重要通道和环节,因而股市波动的混沌性也从实证角度确认了货币政策传导系统的具有混沌特征。这也说明无论股市波动还是货币政策传导系统的动态演化行为并不是完全随机的行为,它们的动态演化行为具有内在随机性,因而也具有一定的确定性结构,在它们动态演化背后存在一定的决定论的支配规则。正确认识股价波动和货币政策传导系统动态演化的混沌规律,有利于货币当局加强货币市场和资本市场的调控和管理,提高货币政策传导效率。

上述实证分析的结果与上证 2004 年 1 月至 2011 年 10 月 (0.12)、深市 2003 年 1 月至 2011 年 10 月的李雅普诺夫指数 (0.11)[231] 相比,平均下降 3 个百分点左右。说明经过近 10 年的发展,中国证券市场机制和制度建设得到加强和一定程度完善,规范了证券市场交易行为,市场波动性也有所下降。上述实证分析的结果也说明无论深市还是上证,它们的李雅普诺夫指数都高于其他西方成熟的证券市场 (S&P500 为 0.0241,MSCI 英国为 0.028,MSCI 日本为 0.0228)。这说明中国证券市场比西方成熟证券市场对市场运行中的微小因素变化具有更强的敏感性。主要原因是中国证券市场起步较晚,证券市场运作中存在严重的缺陷:一是市场的投机性较浓,市场参与者主要是为赚取价差,而不是为投资;二是市场中存在严重的信息不对称,致使内幕交易、操纵股市等非法行为屡有发生;三是市场参与者的投资理性较弱,参与者常会因认知偏差以及外界环境的干扰,难以做出理性的投资决策,进而产生过度交易、羊群效应等非理性行为。市场运作中诸多缺陷导致系统性风险与非系统性风险并存且交替发挥作用,再通过系统非线性机制放大,从而导致中国证券市场具有更强的初值敏感性。

4.6 政策启示和建议

本章理论和实证分析都表明,货币政策传导系统具有混沌特征。但是混沌并非混乱，而是一种宏观上无序、微观有序的非线性系统行为，因而混沌是一个相对有序的动态概念，是无序中的有序，其蕴涵丰富政策价值与管理意义。

4.6.1 内在随机性

货币政策传导系统混沌性说明货币政策传导系统的非线性动态演化不是完全随机的结果，而是具有一定的内在随机性。也就是说，混沌态下货币政策传导系统的高度不稳定性，如通胀、滞胀、银行危机等经济波动现象，不仅仅是其外部经济金融因素与货币政策传导系统互馈结果，更主要是系统内部的利率、汇率、资产价格、信贷等要素的发生变化在其内在非线性机制作用下导致的系统紊乱，使系统演化出很强的随机性和不确定性，进而达到混沌边缘。货币政策传导系统动态演化的内在随机性还说明系统具有一定的确定性结构，在其动态演化背后存在一定决定论的支配规则。因此，提高货币政策传导系统运行效率、防止系统剧烈波动的关键在于必须以货币政策传导系统混沌规律为基础构建完善货币政策传导机制，以增强货币政策传导系统的稳定性和抗干扰能力，从根本上消除由货币政策传导系统内在随机性所引发系统异常波动的根源。在经济开放和全球化条件下，影响货币政策传导的因素不断增加，如国际资本流动、金融创新和投融资工具的多样化等，在系统内、外力量的相互作用下，处于远离平衡态的货币传导系统不断向混沌状态演进，而其系统的内在随机性又在客观上增加了货币政策传导系统的脆弱性和不稳定性。当货币政策传导系统受到某些因素的冲击和干扰超过临界态时，系统就会陷入宏观无序和混乱而出现经济危机、金融危机等恶性经济现象。为了消除货币政策传导系统的内在随机性，首先，货币当局应该加强信息的披露和共享，降低货币政策传导系统主体获取真实信息的成本、提高系统主体间信息的对称性，以便系统主体形成良好的、稳定的经济预期，减弱系统内在随机性对系统稳定的危害。其次，货币当局应积极引导系统主体的自学习过程，培育货币政策决策者、执行者以及其他系统主体的自主决策能力与理性思考意识，这样系统主体才能对影响货币政策传导系统运行和演化的各种信息形成正确、无偏的理解，从而最终形成有效的货币政策搭配，达到提高货币政策传导的效率、降低经济波动的目的。

4.6.2 蝴蝶效应

货币政策传导系统中的蝴蝶效应要求货币当局要健全货币政策传导过程中的监管机制。蝴蝶效应说明，初始条件下十分微小的变化经过不断放大，对系统的未来状态会造成极其巨大的差别。它通过"双刃剑"作用于货币政策传导系统：一个好的微小的机制，只要正确指引，经过一段时间的努力，将会对系统产生良性的轰动效应；一个坏的微小的机制，如果不加以及时地引导、调节，就会通过蝴蝶效应进行无限放大，给经济、金融系统带来非常大的危害。在金融自由化和经济全球化的今天，世界各地都处在不同程度的金融开放之中，金融已经成为现代经济的"血液"，货币政策传导系统更是重中之重，一旦脱离监管，将危害经济稳定，因而必须加强对货币政策传导系统的监管。货币当局应通过不断调整货币政策的制度结构，完善货币政策传导的运行及其监管机制，最终达到规范资本市场、外汇市场和货币市场，提升货币政策传导的有效性，促进经济发展的目的。

4.6.3 混沌控制

通过前述分析可知，混沌性是货币政策传导系统一个重要特征，具有普遍存在性。而混沌控制理论表明在一定条件下，适当的技术方法可使混沌系统的某些性能指标达到最优化。这从理论上说明了货币政策传导系统中混沌现象也具有可控性。由于货币政策传导系统是涉及利率、信贷、汇率、资产价格等多种传导渠道和变量的非线性复杂经济系统，当货币政策传导系统内各种经济变量发生微小变化时常会通过其非线性作用机制对系统产生蝴蝶效应以影响货币政策的有效传导。当货币政策传导系统发生混沌时，货币当局应首先分析货币政策传导系统出现剧烈波动的动因，再根据波动原因合理调控导致系统演化序参量以及系统的制度结构；其次应该通过科学的评价方法及评价指标体系对货币政策传导系统混沌以实现货币政策各个层次目标的影响或贡献进行系统的分析评估。当发现货币政策传导系统混沌有可能诱发银行危机、金融危机、经济危机、通货膨胀、滞涨等恶性经济现象时，货币当局应该基于对货币政策传导系统制度结构以及系统混沌动因的分析，采取有效政策工具组合对其进行防范。

4.7 本章小结

本章首先对货币政策传导系统的复杂性特征表现形式进行了详细阐述。其次从时间结构视角探讨货币政策传导系统复杂性，混沌思想引入货币政策传导系统研究，使用混沌方法对货币政策变迁过程建立了动力模型，用蝴蝶效应对货币的乘数效应、金融危机等现象提出系统理论的阐释，利用货币政策传导重要通道——证券市场的经验数据对货币政策传导系统混沌性进行验证，对货币政策传导系统混沌性的政策启示与含义进行讨论。上述研究表明：混沌是从动力学过程和时间维度表现货币政策传导系统的复杂性，把混沌理论引入货币政策传导系统的研究，为进一步对货币政策传导系统的突变性、耗散性、协同性等复杂性研究奠定了理论基础；更为重要的是，货币政策传导系统混沌分析可以帮助货币当局就复杂经济形势建立一个理性的期望、选择有效的政策着力点，以便货币当局能及时采用调控措施以消除那些与市场制度逻辑不一致的货币政策传导条件。

货币政策传导系统复杂性及演化研究：仿真与中国数据的实证
Chapter 5

第5章　货币政策传导系统分形特征研究

货币政策传导系统不仅具有复杂的时间结构,而且具有精细的空间结构。下面从空间维度视角来探讨货币政策传导系统的复杂性和动态演化性。在货币政策传导系统的动态演化中其组织结构、制度结构、功能结构、运行结构等都具有极强的自相似性,将分形理论与货币政策传导系统动态演化的研究、监管与治理,在研究思路和政策实践上联系起来,因而可以把分形理论作为一种分析框架来分析和研究货币政策传导系统的动态演化,从系统理论高度来全面、系统、科学地认识货币政策传导系统演化的非线性和复杂性。本章将在综述国内分形理论及其经济应用研究现状的基础上,首次将分形思想引入货币政策传导系统这一特殊经济系统研究,用精细的分形理论对货币政策传导系统中的组织机构、制度结构、功能结构、运行结构进行细致考察,并提出相应的政策建议。

5.1 分形理论分析框架

分形是指整体和部分具有某种方式相似的集合。分形体有两个基本特征:其一是自相似性,即分形体的局部结构与整体相似,也就是说,分形体的某种结构或过程特征不会随时空尺度变化而变化;其二是分形体具有多标度分数维。分形概念可以通过以下五个方面来理解:(1)精细结构,它表明分形体在任意小比例下都能呈现出复杂的细节;(2)高度的不规则性,它表明分形体的局部与整体都无法使用传统的几何语言来描述;(3)自相似性,它表明分形体的形态、功能和信息等性质在局部与整体方面具有近似或统计意义的相似性;(4)分形维,其拓扑维数小于它的分形维;(5)分形通常由迭代等简单方式定义生成。

分形维简称分维,是定量描述分形的特征量。常用的分维有以下两种形式:

第一,自相似维:令 $A \subset R^n$ 为一有界集合,若它总是可分成 a 个大小为 $\frac{1}{b}$ 的原集相似的子集,则 A 的自相似维为:

$$D_1 = \frac{\ln a}{\ln b} \tag{5-1}$$

第二，关联维数：

$$D_2 = \lim_{\varepsilon \to 0} \frac{\ln C(\varepsilon)}{\ln \varepsilon} \qquad (5-2)$$

其中，$C(x) = \frac{1}{N^2} \sum_{i,j} \theta(\varepsilon - |x_i - x_j|)$，$\{x_i, i = 1, 2, \cdots, n\}$ 为系统的一个解序列，也可以把它看成吸引子上各个点的位置。而：

$$\theta(\varepsilon - |x_i - x_j|) = \begin{cases} 1, \varepsilon \geq |x_i - x_j| \\ 0, \varepsilon < |x_i - x_j| \end{cases} \qquad (5-3)$$

依据上述分形理论，可以发现货币政策传导系统内存在精细结构、尺度不变性、自相似等分形体特征，因而货币政策传导系统是一个分形体，其分形特征主要体现在货币政策传导系统的组织机构、制度结构、运行状态、功能以及演化过程上，即货币政策传导系统的组织结构分形、制度结构分形、运行（过程）分形和功能分形。

5.2 货币政策传导系统的分形分析

5.2.1 货币政策传导系统的组织结构分形

货币政策传导系统的组织结构是指一个国家的金融机构的组织体系，货币政策传导系统组织结构分形首先表现为金融机构组织体系结构层次的复杂性与多样性。我国的金融组织体系是由中央银行、金融监管机构、国家外汇管理局、政策性金融机构、商业性金融机构等构成。目前我国银行的组织结构层次一般分为3层体系，依次为总行、分行、支行，商业银行一般还有一个最低层次——营业点，而中央银行、金融监管机构、国家外汇管理局也至少有国家、省级、市级3个层次。一般较低级层次机构业务受较高层次的监督与指导，同一类机构的组织结构中，各类业务都统一经营和管理，因而较低层次机构的组织结构必须沿袭较高层次的模式，因而各个层次之间具有良好的组织结构自相似性[33]。而由于所处地域不同，各地的经济发展水平、环境、相关的政策不一致，对于同一层次的机构而言,也会受到当地各方面具体因素的影响,因此,在分形结构上又呈现出多样化的特性。高层次机构对低层次机构实行自上而下的集中式管理,而低层次机构也具有高度的自治,拥有一定的自主决策权限,如计划、运营、管理、监督等职能,这些具有复杂精细结构的职能组织机构构成了货币政策传导系统的分形单元,它们在高层次机构的领导下相互协同和竞争,在不断满足系统主体需求的同时实现自身机构利益最大化[33]。同时,每个职能机构又都具有一定的独立性,通过与外部环境和内部其他机构的交互而进行自适应演化,最大限度地完成和优化总体的目标。由此可以看出货币政策传导系统的组织结构具有良好的分形特征。

5.2.2 货币政策传导系统的制度结构分形

货币政策传导系统的制度结构是由中央银行制定,用于支配专业银行、分支银行和其他金融机构的特定行为模型和关系,规定金融机构、企业或个人之间可能合作与竞争的方式的一套行为规则或制度安排,它受到外界宏观经济环境、金融环境、政治环境、科技环境、道德环境、文化环境的影响。由于银行和金融机构的特定行为模式和关系以及合作与竞争内容的多样性、复杂性,使货币政策安排必然呈现出复杂的精细结构:设计出不同类型、不同内容,彼此呼应,相互协调的货币政策内容,以及规制各种金融机构在时间上、空间上货币政策操作行为的内部制度[31]。同时,由于银行、金融机构在结构层次上的多样性和复杂性,使银行、金融机构的内部制度结构在实现上也呈现出丰富的多样性和层次性,以用来规范不同层次的金融机构的行为。而且货币政策传导系统的每一个具体货币政策安排,也表现出层次性和严谨精细的结构。因而整个货币政策传导系统从上至下,从下至上都呈现出良好的结构性和自相似性,即货币政策传导系统的制度结构分形。

在金融机构的制度结构中,不仅存在正式的制约安排,也存在非正式的制度约束,包括价值信念、伦理规范、道德观念、意识形态等。非正式的制度约束是对正式制度安排约束的扩展、细化和限制,减少了衡量和实施成本,使正式制度安排约束得以实现[35]。同正式制度安排一样,非正式制度约束也呈现出结构分形，金融机构内部各层次之间都存在非正式制度的结构安排，表现为层次间的自相似性。

5.2.3 货币政策传导系统的运行（过程）分形

货币政策传导系统必须存在健全的、有效的货币政策实施机制。实施机制的建立之所以成为必要，一是因为银行、金融机构、企业、储户的行为及交换的复杂性，行为和交换越复杂，建立实施机制就越必要；二是货币政策制定者和执行者的有限理性和非理性以及机会主义行为动机也促使货币政策实施机制的建立成为必要；三是银行、金融机构行为及所面对经济环境信息的非对称性，使银行、金融机构、企业及人的行为选择容易导致对契约（制度）的偏离，因此有必要建立实施机制。货币政策安排的实施，表现为一个多变量、多层次、非线性动态的过程，这一过程展示出的内容就是货币政策结构在金融机构不同层次部分的具体运行和执行，货币政策实施机制是货币政策传导系统运行得以贯彻的根本保证，货币政策实施过程也就是货币政策传导的运行过程[31]。由于货币政策传导制度结构表现为复杂精细的层次结构，因此货币政策的实施及货币政策传导运行过程也同样表现出层次结构的相似性，这种相似性使货币政策传导呈现为复杂的运行分形。对于非正式的货币政策安排，由于不存在正式制度的实施机制，因而不存在严格的运行分形，但这并不影响从分形的角度去分析和认识它。

5.2.4 货币政策传导系统的功能分形

所谓系统的功能是指系统与外部环境相互关系和相互作用中表现出来的性质、能力和功效，是系统内部相对稳定的联系方式、组织次序及时空形式的外在表现形式[36]。伴随着精细的货币政策传导系统组织结构、制度结构与合理的运行机制，货币政策传导系统运行的结果就是实现货币政策的目的，即正常地发挥每一项货币政策设计的功能，这种功能体现在金融机构的每一个层次上、制度实施所涉及的金融机构的每一个方面。每一项货币政策安排所展示的功能呈现出相似性：规定银行、金融机构内部各经济单位、企业或个人之间可能的合作与竞争方式。对于非正式的货币政策安排也存在功能分形。这样，货币政策传导系统同时具有组织结构分形、制度结构分形、运行（过程）分形、功能分形。以上较为详细地阐述了货币政策传导系统作为一个分形体所具有的分形特征。

在前面的货币政策传导系统的分形中可以看到，货币政策传导系统的组织结构分形是系统其他分形存在的基础，货币政策传导系统的制度结构分形并不一定能决定货币政策传导系统的功能分形，必须同时具有组织结构分形、运行（过程）分形、制度结构分形并且与运行（过程）分形相互联系、相互协同[31]。货币政策传导系统组织结构决定着货币政策传导系统运行的方式，并对运行实施调控。货币政策传导系统的运行结构在保障货币政策结构功能的同时，向货币政策传导的结构系统反馈信息，并不断促进货币政策传导系统结构的完善和优化。在满足货币政策传导系统的组织结构分形、制度结构分形与运行分形的条件下，才能最终决定功能分形，而功能分形才是货币政策安排的真正目的[36]。也就是说，结构（组织、制度）分形决定运行（过程）分形，组织结构分形、制度结构分形与运行（过程）分形一起最终决定功能分形，这四种分形一起构成货币政策传导系统的分形。

5.3 货币政策弹性的分形特性及实证研究

5.3.1 货币政策弹性与分维

弹性是经济学中的基本概念，借助弹性概念，可以进一步揭示出货币政策传导系统的分形特征，这里通过引入货币政策弹性概念、给出货币政策弹性公式来揭示其蕴含的货币政策传导系统的分形这一系统复杂性特征。

根据多重分形理论，弹性不仅可以表示两个变量间相对变化率的比率，而且可以作为一种奇异性强度指标，用来表示两个变量之间的自相似性以及参变量间的复杂性和不规则性。假设一项货币政策的引致产出 y 是该政策变量 x 的函数，即 y = f (x)。则依据弹性的定义，有下列货币政策弹性的公式：

$$\sigma = \frac{\frac{dy}{y}}{\frac{dx}{x}} = \frac{dy}{dx} \cdot \frac{x}{y} \tag{5-4}$$

显然有：

$$\sigma = \frac{d\ln y}{d\ln x} = \frac{d\ln f(x)}{d\ln x} = \lim_{x \to \varepsilon} \frac{\ln f(x)}{\ln x} \tag{5-5}$$

比较式（5-5）与式（5-2），显然有：$\sigma = D_2$，这说明货币政策弹性 σ 具有分维性，因而进一步说明货币政策传导系统具有分形特征。下面利用中国货币政策传导的基础数据来对货币政策的弹性分维进行实证分析。

5.3.2 实证模型选择与实证分析思路

从货币当局调整或制定货币政策到货币政策对经济行为的相互影响和渗透需要一定时间。因而在对货币政策弹性分维进行实证时，必须考虑货币政策的各代表变量与经济增长指标间的滞后关系。基于此，本书采用阿尔蒙多项式法先分别建立经济增长指标与货币政策的各代表变量的分布滞后经济计量模型，然后再考察它们的弹性分维。

阿尔蒙滞后模型是由著名学者阿尔蒙于1965年首先提出并用于经济研究。阿尔蒙滞后模型有以下优点：一是可以减少待估参数的个数；二是消除一般滞后模型由于滞后期比较长可能带来的多重共线性问题。设 Y 是被解释变量，X、X_{-i} 是解释变量当前值和滞后值。根据阿尔蒙多项式法，有限长度分布滞后模型的数学表达如下：

$$Y = c + \beta_0 X + \beta_1 X_{-1} + \beta_2 X_{-2} \cdots \beta_k X_{-k} + u_k \tag{5-6}$$

模型中 β_i 表示 i 期解释变量的边际值。β_i 是一个随时间变化的非线性函数，β_i 可以用一个适当阶的时间 i 的多项式来逼近。假定 β_i 可以用滞后长度 i 的适当阶的多项式来逼近[34]。

即：$\beta_i = \alpha_0 + \alpha_1 i + \alpha_2 i^2 \cdots \alpha_m i^m$ （5-7）

该式是以 i 表示的 m 阶多项式，且 m < k，其中 m 为多项式的阶数，k 为解释变量最大滞后长度。运用阿尔蒙法把式（5-7）代入式（5-6）式，并进行整理得到：

$Y = c + \alpha_0 Z_0 + \alpha_1 Z_1 + \alpha_2 Z_2 \cdots \alpha_k Z_k + u_k$ （5-8）

其中：$Z_0 = X + X_{-1} + \cdots X_{-k}$ （5-9）

$Z_i = X_{-1} + 2^i X_{-2} + 3^i X_{-3} \cdots + k^i X_{-k} (i = 1, 2, \cdots, m)$ （5-10）

对于式（5-7），可以用 OLS 法估计出参数 α_0，α_1，$\cdots$，α_m 的值，估计出这些值以后，就可求出原模型（5-6）中的参数 β_0，β_{-1}，$\cdots$，β_{-k} 的估计值[34]。

5.3.3 变量的选择和数据说明

影响货币政策传导系统动态演化的经济变量很多，本书实证仅选择经济增长指标、货币供应量、利率指标、股市市值、信贷规模等作为分析变量。考虑到中央银行货币政策操作时微观主体决策特征、货币政策的经济传导过程的实际以及中国货币政策传导的现状，对以上五个分析变量做如下选择：GDP 作为衡量经济增长的指标，为被解释变量；货币供应量选择中央银行在进行货币政策操作的中介指标 M_2 作为分析指标；利率指标选用居民储蓄存款定期一年的利率 R 作为分析指标；股票市值选用沪深股市市值和 S 作为分析指标；信贷款规模选用金融机构贷款额 L 作为分析指标。

数据样本期间为 2009~2018 年，共 40 期季度数据。货币供应量数据、居民储蓄存款定期一年名义利率、沪深股市市值、金融机构的各项贷款总额数据来源于中国人民银行网站，GDP 数据来源于国家统计局网站进度数据。

以上五个数据除 GDP、S 外，其他三个变量没有明显的季节性波动，不需要进行季节调整。先采用 X-12 方法对 GDP、S 数据进行季节调整；同时，为了减少数据的剧烈波动，对 GDP、沪深股市市值和季节调整后数据以及货币供应量、利率、金融机构贷款额都取其自然对数，并分别用 LG、LS、LM、LR、LL 表示。书中所用工具为 EViews 10.0。

5.3.4 实证模型的建立

下面先建立经济增长变量与货币政策的各代表变量的多项式滞后模型。多项式分布滞后模型估计需要确定两个因素：滞后项数 k 和多项式次数 m。其中滞后项数 k 主要根据 AIC 和 SC 准则选择，而多项式次数一般选择 1、2 或 3 次。

5.3.4.1 信贷传导渠道效应

信贷传导渠道是货币政策传导的重要方式，主要通过以下两种途径来实现：银行贷款和资产负债表。下面建立经济增长指标 LG 关于信贷规模 LL 的多项式分布滞后模型，以考察信贷传导渠道的传导效率。为确定滞后项数 k 和多项式次数 m，分别建立（k，m，1）阶多项式分布滞后模型，并比较它们 AIC 和 SC 值，以确定 k、m，其中 1 表示施加近端约束。由表 5－1 可知，最终确定建立（2，1，1）阶多项式分布滞后模型。

表 5－1　　　　信贷传导效率模型的 AIC、SC 值

	(1, 1, 1)	(2, 1, 1)	(2, 2, 1)	(3, 1, 1)	(3, 2, 1)	(3, 3, 1)
AIC	－4.039	－4.167	－4.161	－4.038	－4.029	－4.157
SC	－3.954	－4.081	－4.032	－4.051	－3.178	－4.0801

对经济增长指标 LG 与滞后二期信贷指标 LL 进行回归分析得：

$$LG = 2.9659 + 0.1209 LL - 0.2419 LL(-1) + 0.3629 LL(-2)$$
$$(16.9487)\quad(56.1955)\quad(56.1955)\quad\quad(56.1955) \quad\quad (5-11)$$
$$R^2 = 0.9887 \quad F = 3157.933 \quad S.E = 0.0294$$

5.3.4.2 货币供应量传导效应

货币供应量 M_2 是货币政策传导的重要中介变量。当货币供应量发生变动时，利率、汇率等经济变量会随之发生，进而引起消费、投资、进出口等变化，并最终影响产出。建立经济增长指标 LG 关于货币供应量 LM 的

多项式分布滞后模型，得到表 5-2，比较它们 AIC 和 SC 值，最终确定建立 (1, 1, 1) 阶多项式分布滞后模型。

表 5-2　　　　货币供应量传导效率模型的 AIC、SC 值

	(1, 1, 1)	(2, 1, 1)	(2, 2, 1)	(3, 1, 1)	(3, 2, 1)	(3, 3, 1)
AIC	-4.3673	-3.4522	-4.3096	-4.2256	-4.1728	-4.0187
SC	-4.2820	-4.1660	-4.2704	-4.0385	-3.4267	-4.2446

对经济增长指标 LG 与滞后一期货币供应量 LM 进行回归分析得：

$$LG = 1.856 + 0.2621LM + 0.5243LM(-1)$$
$$(11.1920)(65.8999)\ (65.8999) \tag{5-12}$$
$$R^2 = 0.9916 \quad F = 4342.799 \quad S, E = 0.0266$$

5.3.4.3　利率传导渠道效应

在市场经济条件下，利率传导渠道是货币政策的主要传导方式。当利率下降时，投资、消费就会增加，从而总需求和产出的增加；反之，则相反。建立经济增长指标 LG 关于利率指标 LR 的多项式分布滞后模型，得到表 5-3，比较它们 AIC 和 SC 值，最终确定建立 (1, 1, 1) 阶多项式分布滞后模型。

表 5-3　　　　利率传导渠道效率模型的 AIC、SC 值

	(1, 1, 1)	(2, 1, 1)	(2, 2, 1)	(3, 1, 1)	(3, 2, 1)	(3, 3, 1)
AIC	-0.413	-0.119	-0.193	-0.234	-0.343	-0.361
SC	-0.272	-0.033	-0.064	-0.147	-0.212	-0.187

对经济增长指标 LG 与滞后一期利率指标 LR 进行回归分析得：

$$LG = 10.7887 - 0.1759LR - 0.3517LR(-1) \tag{5-13}$$
$$(23.703)(-4.392)\ (-4.392)$$
$$R^2 = 0.3427 \quad F = 19.29 \quad S.E = 0.2345$$

5.3.4.4　资产价格渠道传导效应

资产价格渠道也是市场经济中重要的货币政策传导方式。当货币供给的发生变化时，就会引起资产价格升降，进而处于均衡状态的各个经济主

体的资产组合发生改变,使资产重新调整,这一调整过程会最终影响实体经济,实现新的经济均衡。建立经济增长指标 LG 关于沪深股市市值和 LS 的多项式分布滞后模型,得到表 5-4,比较它们 AIC 和 SC 值,最终确定建立(3,1,1)阶多项式分布滞后模型。

表 5-4　　　　资本市场传导效率模型的 AIC、SC 值

	(1, 1, 1)	(2, 1, 1)	(2, 2, 1)	(3, 1, 1)	(3, 2, 1)	(3, 3, 1)
AIC	-0.8561	-0.9814	-0.9304	-1.1026	-1.049	-1.0341
SC	-0.7708	-0.8952	-0.8011	-1.0155	-0.9179	-0.8599

对经济增长指标 LG 与滞后三期沪深股市市值和 LS 进行回归分析得:

$$LG = 5.483 + 0.0575LS + 0.1153LS(-1) + 0.1735LS(-2)$$
$$(7.1969) \quad (0.8919) \quad (1.7461) \quad (9.637)$$
$$+ 0.2321LS(-3) \quad\quad\quad\quad\quad\quad\quad\quad (5-14)$$
$$(1.8452)$$
$$R^2 = 0.7356 \quad F = 47.287 \quad S.E = 0.1378$$

5.3.4.5　货币政策弹性分维的算例与实证结果分析

从各项统计指标上看,回归方程(5-11)~方程(5-14)都非常好地拟合了经济增长指标,下面利用方程(5-11)~方程(5-14)来对各类货币政策的弹性分维进行实证。

式(5-11)表示产出与滞后二期的贷款进行回归分析得到的回归方程,贷款对产出的影响货币政策滞后二季度后达到最大,贷款每增长 1 个百分点,经济增长约 0.36 个百分点。对式(5-11)求导后代入式(5-5)得到:

$$\sigma_L = \frac{d\ln y}{d\ln x} = \frac{\partial LG}{\partial LL(-2)} = 0.36,\text{说明信贷政策的弹性分维为 0.36。}$$

式(5-12)表示产出和滞后一期的货币供应量进行回归分析得到的回归方程,货币供应量对产出的影响在一个季度后达到最大,货币供应量每增长 1 个百分点,带动经济增长 0.52 个百分点。对式(5-12)求导后代入式(5-5)得到:

$$\sigma_M = \frac{d\ln y}{d\ln x} = \frac{\partial LG}{\partial LM(-1)} = 0.52,\text{说明货币供应量的弹性分维为 0.52。}$$

式（5-13）表示产出和滞后一期的利率进行回归分析得到的回归方程，利率对产出的影响在一个季度后达到最大，利率每下降 1 个百分点，带动经济增长 0.35 个百个分点。对式（5-13）求导后代入式（5-5）得到：

$$\sigma_R = \frac{\text{dlny}}{\text{dlnx}} = \frac{\partial LG}{\partial LR(-1)} = 0.35，说明利率政策的弹性分维为 0.35。$$

式（5-14）表示产出和滞后三期的沪深股市市值和进行回归分析得到的回归方程，滞后三期的沪深股市市值对产出的影响最大，沪深股市指数涨幅每增长 1 个百分点，带动经济增长 0.23 个百分点。对（5-14）式求导后代入式（5-5）得到：

$$\sigma_S = \frac{\text{dlny}}{\text{dlnx}} = \frac{\partial LG}{\partial LS(-3)} = 0.23，说明资产价格的弹性分维为 0.23。$$

通过式（5-11）～式（5-14）可以看出，从传导时滞上看货币供应量、利率政策的时滞最短，需要滞后一期即可达到对产出的最大影响，信贷政策则需要滞后两期可达到对产出的最大影响，资产价格的时滞最长，需要滞后三期可达到对产出的最大影响。从货币政策的弹性分维大小比较可以看出，货币供应量的弹性分维为 $\sigma_M = 0.52$ 最大，即货币供应量的产出效应最大；信贷政策的弹性分维为 $\sigma_M = 0.52$，即信贷政策的产出效应次之；利率政策的弹性分维为 $\sigma_R = 0.35$，利率政策产出效应是第三；资产价格的弹性分维为 $\sigma_S = 0.23$，即资产价格的产出效应最小。上述实证说明货币政策弹性存在良好的分形现象和多重分形特征。与 2002—2010 年季度数据实证结果相比，货币供应量的弹性分维增加了 0.16，利率政策的弹性分维增加 0.06；信贷政策的弹性分维下降 0.13，资产价格的弹性分维下降 0.02[228]。

信贷政策和货币供应量的弹性分维较大，因而产出效应也较大，且它们的传导时滞短，因此目前它们仍然是我国货币政策传导的主要渠道。利率政策和资产价格的弹性分维较小，它们的产出效应较小。利率政策在滞后一期达到，时滞短，而资产价格在滞后三期达到，时滞较长，说明利率政策和资产价格仍然没有发挥货币政策传导的主要渠道作用。利率政策传导时滞短，见效快，其主要作用在产出效应上，对物价影响不显著。在西方市场经济国家，由于利率已实现市场化，利率渠道是一种调节宏观经济的重要手段。而我国的利率政策的弹性分维较小，产出效应较低，说明在经济转型条件下，我国目前利率市场化尚未完全实现，还不能完全反映资金的真实成本，削弱了信用基础，导致利率结构失衡，影响利率政策传导的有效性。

在资本市场发达的国家，资本市场在资源配置、价值发现、产权交易的地位和作用非常重要，资本市场也是一种非常重要的货币政策传导渠道。我国的资产价格的弹性分维较小、时滞长，这说明我国资本市场发展历史短，目前资本市场体系发育仍不完善，资本市场规模有限，资本市场参与主体不多，资产价格渠道在资本市场上传导货币政策中的作用不显著。

5.4 政策启示和建议

货币政策传导系统的分形特性具有深刻的政策含义，对于进行货币政策传导系统的研究、货币政策安排以及货币政策工具的选择具有相当重要的指导意义和价值。

5.4.1 组织结构分形

根据货币政策传导系统的组织结构分形特征，货币当局应构建扁平化的管理模式。银行和金融机构实行扁平化管理模式可以通过以下三个方面来提高货币政策传导效率：一是管理层次减少，可使信息快速透明地传递，减少了信息传递中的堵塞、变形、损耗问题，缩短货币当局的决策时滞，提升其决策的科学性。二是中间管理层被精简，可节约了经营和管理成本，提高了管理效率和机构的竞争力，同时人力资源也可再次合理配置。三是组织内部利益冲突下降，整个组织能团结一致、统一指挥，使机构能敏捷地应对系统主体需求变化，增强了组织的灵活性和适应性。

5.4.2 制度结构分形

根据货币政策传导系统的制度结构分形特征,中央银行要设计出商业银行和其他金融机构的各项内部制度体系以建立和健全银行和金融机构的内部控制,防范金融风险,保障银行体系安全稳健运行,规范商业银行和其他金融机构的行为。中央银行也要设计出全面、精细、审慎、有效且互相支撑的货币政策体系,以便使其既要发挥货币政策的总量调节效应,也要发挥产业调节功能。货币政策体系通过资金形成机制、资金导向机制和资金催化机制促使产业结构高级化;同时金融结构逐步由银行主导型模式向资本主导型模式调整,通过资本市场,实现产业结构不断调整、升级和优化,从而使货币经济和实体经济的资本配置比达到最合理水平,进而实现货币经济与实体经济均衡、快速发展以及货币政策的有效传导。

5.4.3 功能分形

根据货币政策传导系统的功能分形,中央银行要做好不同层次的货币政策传导和优化工作,从我国的实践看,中央银行制定货币政策是形成货币政策传导机制的起始点,其政策调整主要集中在对基础货币、利率和信贷政策导向等方面。面对中央银行的政策调整,商业银行按照"四自"(自主决策、自主经营、自负盈亏、自担风险)、"三性"(盈利性、安全性、流动性)的经营原则,在国家产业政策的框架下,依据一定的产业准则,对信贷资金的结构、顺序、规模进行安排,对贷款总量、投向引导以及利率浮动幅度做出调整,使有限的金融资源通过金融市场配置到优势产业和高新技术产业,优化其产业内部的资金循环,从整体上提高相关产业的经营绩效,做大产业规模,增强产业的核心竞争力,有效解决产业结构调整中要素的分化组合与所有制、部门壁垒之间的矛盾,并最终对宏观经济产生积极、有效的影响。

5.4.4 运行（过程）分形

货币政策传导系统的运行（过程）分形要求中央银行要做好货币政策传导机制的设计与安排，实施对货币政策传导系统运行中的良好控制，确保每一项政策都能真正落实到位，真正发挥每一项货币政策的功能。由于我国处于经济体制转型时期，货币政策在传导过程中会受到商业银行运行体制和企业经营机制的影响，这使货币政策传导效应有所削弱，甚至出现阻滞。为此，要进一步完善和疏通货币政策传导机制。主要体现在：一是商业银行应按现代金融企业制度的要求加快改革步伐，逐步完善商业银行运行机制，使中央银行的货币政策信号能够通过商业银行机制有效地运行而逐级顺畅传导；二是要加快企业制度改革，完善经营机制，强化信用观念，使企业和居民对存贷款利率信号的反应更加灵敏有效；三是要完善资本市场、外汇市场和货币市场操作机制，疏通对货币政策传导的影响，进一步提高货币政策的实施效率。

5.4.5 货币政策弹性分维

从货币政策弹性分维的实证分析可以看出，我国利率、资产价格等传导渠道作用还没有得到完全发挥，我国的货币政策传导系统的制度结构还存在阻塞因素。为提高利率、资产价格等传导渠道作用，提出以下建议：一是逐步建立起以中央银行利率为基础、以货币市场利率为中介、由市场供求决定银行与金融机构存贷款利率水平的利率体系，完善利率对货币市场的调节作用，充分发挥利率渠道的传导作用；二是加强资本和货币市场的基础性建设，协调发展资本和货币市场的各个子市场；三是健全资本市场，推进资本市场的制度建设和改革，不断完善上市公司的治理结构，规范和增加对上市公司的信息披露；四是强化资本市场与货币市场的联动机制，使我国金融市场体系进一步完善，增强资本市场对货币政策信号的传导性。

5.5 本章小结

本章从空间结构视角探讨货币政策传导系统复杂性，把分形理论引入货币政策传导系统研究，用精细的分形理论对货币政策传导系统的组织机构（金融和银行机构）、制度结构、功能结构、运行结构等方面进行细致的定性考察和研究，并利用中国货币政策传导的基础数据对货币政策的弹性分维进行实证分析，讨论分形理论的政策含义。前述研究表明：分形从空间维度表现货币政策传导系统的复杂性。把分形理论引入货币政策传导系统的研究，突破货币政策传导系统的组织结构、制度结构、功能、运行过程等在整体与部分、混沌与规则、有序与无序之间的隔膜，揭示货币政策传导系统在整体与部分、连续与突变、简单与复杂、混沌与规则、有序与无序之间的多维度、多视角、多层面的联系方式，使人们对货币政策传导系统的认识视角由线性转为非线性，从而可以从非线性和系统性视角加强对货币政策传导系统的监管与治理，减少货币政策传导的阻塞效应，提高货币政策的有效性、科学性、可信性和透明性，为金融全球化背景下的货币政策传导机制研究提供了新的逻辑思路。

货币政策传导系统复杂性
及演化研究：仿真与
中国数据的实证
Chapter 6

第6章 货币政策传导系统耗散演化研究

本章从系统开放性视角探讨货币政策传导系统功能的动态演化。货币政策传导系统是复杂的，而复杂的货币政策传导系统也必然是演化的。货币政策传导系统的动态演化中所蕴含的非平衡态、宏微观关联以及涨落导致的从无序到有序的思想，将耗散结构理论与货币政策传导系统动态演化机理的分析，在哲学思想的高度上联系起来[37]，并为货币政策传导系统的过程演化研究提供构架工具。本章将在国内外货币政策传导机制理论研究现状的基础上，用系统管理的方法和思想来研究货币政策传导系统的演化机制，用耗散结构理论解读货币政策传导系统的演化机理，用低浓度三分子模型模拟系统的演化路径，最后建立其基于突变理论的脆性综合评价模型，并对货币政策传导系统耗散结构形成条件进行实证分析。

6.1 耗散结构的分析框架

耗散结构理论主要是探讨复杂系统在与外界环境交换物质和能量的过程中，系统从混沌无序的初态向稳定有序的终态演化的机理、条件和规律[18]。该理论认为，一个远离平衡态的开放系统，当其中某个参变量变化达到一定临界值时，通过涨落发生突变，就有可能从原来混沌无序状态转变为一种时间、空间或功能有序的新状态，这种在远离平衡的非线性区形成的客观有序结构，需要不断与外界交换物质、能量，才能维持并保持一定的稳定性，不再因外界微小的扰动而消失，这种需要耗散物质、能量才能维持有序的结构就是耗散结构[18]。

形成与维持耗散结构有以下四个必备的基本条件：一是开放性；二是远离平衡；三是具备非线性相互作用机制；四是有涨落现象。复杂系统实现自组织演化的外部条件是系统能与外界的物质、能量、信息进行交换；实现自组织的内在依据是复杂系统中各要素间发生非线性的相互作用；系统实现自组织演化的直接诱因是系统出现随机涨落。以上是耗散结构理论关于系统演进的内在机制和演化途径主要观点。

熵是耗散结构理论中用来描述系统状态的量化的重要概念。如果系统有 n 种不同的状态并且每种状态以概率 P_i（$i=1, 2, \cdots, n$）出现，则该系统的熵值定义为：

$$S = -k \sum_{1}^{n} p_i \log P_i \qquad (6-1)$$

其中，k 为波尔兹曼常数，$0 \leq P_i \leq 1$ 且 $\sum_{1}^{n} P_i = 1$。由此可以看出，系统的每一个状态都对应于一个系统的熵值，当熵值减少有序程度的增加，熵值增加时则系统无序程度增强，因而熵实质上是对系统无序程度的度量，是一个与系统演化过程相关的态函数。

货币政策传导系统是一个复杂的系统，涉及从货币政策的执行到目标实现的整个过程，在这个过程中它不断偏离平衡态，通过自组织演化到临界态打破原有的稳定状态，使系统进化到新的稳定态，因而具有耗散性。下面将利用耗散结构理论的核心要义作为理论框架，分析货币政策传导系统的演化机制。

6.2 货币政策传导系统的耗散结构分析

6.2.1 货币政策传导系统演化的必然性

复杂系统是演化的，在演化中复杂系统达到最优。货币政策传导系统作为一种特殊的复杂系统也会随着时间的推移，它的结构、状态、特性、行为、功能等发生演化，从而影响货币政策的有效传导。在货币政策传导系统演化中有两种推动力量：一是系统的外部环境力量，如政治、经济、金融等；二是系统内部的利率、汇率、资产价格、物价等要素的改变，两者同时也是推动货币政策不断变迁的力量。在经济开放和全球化条件下，由于国际资本流动、金融创新和投融资工具的多样化等，导致货币政策安排中成本和效益关系处于不断的变动之中，远离彼此间平衡的态势，从而不断产生出货币政策安排和变迁的力量，使货币政策传导系统远离平衡态，整个系统的制度结构、运行过程、功能处于远离平衡态的不断变动、演化之中[39]。在这种条件下货币政策传导系统通过自组织形成耗散结构，自组织地产生出复杂性，从而进一步通过涌现、突变等非线性实现系统优化、平衡和稳定。由此可见，货币政策传导系统在其内、外力量的作用下不断地发生动态非平衡演化。

6.2.2 耗散结构识别

自组织是指复杂系统在一定的时间、空间中，无外界环境因素的干扰情况下，仅依靠复杂系统内部因素的相互作用来实现其功能、形成有序结构的过程。货币政策传导系统是一个动态的演化系统，演化的主要方向是内生的，即由系统内部的利率、汇率、资产价格、物价等要素的改变来确定，因而货币政策传导系统的演化是一种具有自组织特点的经济现象，但是其演化过程的外化表现为各种货币经济现象，而动态演化的机理具有耗散结构特征。所以货币政策传导系统的演化也具有开放性、远离平衡、非线性、随机涨落等自组织演化的前提条件和动因。

6.2.2.1 开放性

由第 4 章可知，货币政策传导系统与外界经济、金融环境进行物质、能量、信息交换的开放性是货币政策传导系统复杂性的重要根源。货币政策传导系统与外界的经济、金融环境有着复杂的交换关系。它不断地通过货币政策传导的经济机制从外界的经济、金融环境交换政策信息和指令以及各种经济要素变量的波动信息，经过货币政策传导系统经济传导机制的加工、交叉、催化作用再扩散、传播到外界的经济、金融环境，作用于实体经济，对宏观经济产生巨大影响。正是由于这种复杂的交换关系才保持了货币政策传导系统不断由无序向有序的动态演化。货币当局的货币政策工具可选集不仅可以随时淘汰失去存在价值的政策工具，而且可以补充进来新的政策工具，因而货币当局的货币政策工具可选集也是开放的。另外，货币政策工具、货币政策中间目标、货币政策操作指标、货币政策操作规则选择中都存在来自货币政策传导系统的外部经济、金融力量的冲击、挑战与博弈，这种力量也是货币政策传导系统与外界进行物质、能量、信息交换而产生的。货币政策传导系统的开放性即系统外部经济、金融环境的复杂性,是货币政策传导系统自组织演化的前提和必要条件。

6.2.2.2 远离平衡态

系统的非平衡是相对于平衡态的系统而言的。货币政策传导系统的平衡态是指与外部的经济环境、金融环境、政治环境、法律环境、文化环境、科学技术进步等没有任何物质、能量、信息交流的定态[40]。在平衡态,货币政策传导系统由于与外部环境没有任何交流,状态变量不随时间发生变化。事实上,在经济开放和全球化条件下,由于国际资本流动、金融创新和投融资工具的多样化等,导致货币政策安排中成本和效益处于不断的变动之中,货币政策传导系统一般是处在远离彼此间平衡的非平衡态[39]。

货币政策传导系统的非平衡性首先表现为子系统是非均衡的。货币政策传导系统是由利率、资产价格、汇率、信用等四个子传导系统组成,子传导系统之间传导机制、有效性、政策工具、传导变量、政策价值、功能存在差异,因而子系统是非均衡的。第一,金融资产成本在不同的融资结构中较大差异导致子系统功能的不平衡。当资本资产比例较大时,货币政策变动将对这个部分的影响较大,资产价格传导子系统的效果就会相对突出。当银行信贷资产比例较大时,信贷传导机制效果就会相对大些。第二,货币政策措施的施用对象与融资结构中的金融工具构成造成政策价值不平衡。间接融资环境中银行起主导作用,商业银行和金融机构的存贷款可体现货币当局政策意图;直接融资环境中资本市场起主导作用,资本市场可体现货币当局的政策意图。第三,货币政策工具选择不同而造成子系统传导机制和有效性的不平衡。直接融资结构中货币政策工具是以利率为中介指标的公开市场操作,它能有效改变利率和资产价格,资产价格传导子系统对货币政策传导效用较大;间接融资结构中货币政策工具以货币供应量为中介指标的存款准备金率,信贷传导子系统对货币政策传导效果较好。

其次是系统主体间的非平衡性。在开放经济中,货币政策传导系统是以企业、家庭、银行、金融企业为基本主体的,他们都是"理性经济人",具有趋利性,他们掌握信息对称性和资源、理性、决策方式、组织模式、对外部环境响应时间等都是不同的,所以这些主体之间也是非平衡的。企业在生产技术、产品质量、收益率、规模上都存在着差异,因此,金融机构的可贷资金在企业间的流动也不是向均匀方向发展,而主要流向那些劳动生产率高、效益好的企业。这也说明货币政策传导系统的常态是非平衡的,而系统这种非平衡态是从平衡态逐步演化而来的。在系统开放条件下,由于货币政策传导系统内、外因素的作用,开放逐渐加大,系统的非平衡作用逐步加强,系统逐渐从近平衡区走向远离平衡的非线性区,使货币政策传导系统远离平衡态[40]。因而货币政策传导系统远离平衡态是货币政策传导系统出现有序结构的必要条件,也对系统开放性的进一步说明。

6.2.2.3 非线性相互作用

由第4章可知,货币政策传导系统存在的基础是货币政策传导系统非线性,它也是货币政策传导机制从微观机制向宏观现象演化的内在动因[37]。货币政策传导系统内组元之间和利率、信贷、汇率、资产价格等状态变量之间以及各子系统之间相互作用的机制都是非线性的,但是当它们在形成系统整体时,就会涌现出新的性质。因而货币政策传导系统演化过程的所外化的货币经济等宏观现象都是其内部利率、信贷、汇率、资产价格等因素的微观机制的作用结果。当系统状态变量改变时,货币政策传导系统动态演化中就会出现非线性的正负反馈机制使系统由微观涨落向宏观现象演化。例如,在利率传导子系统中,利率传导的经济机制主要是通过利率调整对产出产生影响。从第3章可知,利率传导过程包括以下三个环节:第一,从货币供给量到债券价格和利率的传导。依据流动性偏好假说,当货币供给量增加大于公众愿意持有的货币量时,公众会把多余货币投资到债券,导致债券需求增加,债券价格上升,从而利率下降;第二,从利率到投资的传导。当利率下降时,企业的投资成本降低,企业投资增加;第三,从投资到国民收入的传导。当投资增加时由于投资乘数效应国民收入成倍的增加[41]。当经济有效需求不足时,货币供给增加,利率下降,投资增加,国民收入增加,宏观经济逐步企稳向好,这是货币政策传导系统中具有强化自我激励的正反馈机制作用过程；当经济过热时，货币供给减少，利率上升，投资减少，国民收入下降，使宏观经济平稳，逐步消除经济过热偏差，这个过程是货币政策传导系统中具有减弱作用或者保持稳定态的负反馈机制作用过程。上述分析说明，货币政策传导系统动态演化本质是系统中的非线性正负反馈机制不断作用过程。

实际上，货币政策传导系统中的各个子系统之间相互作用机制和过程也都不满足叠加原理，也不是线性的，而是呈现出复杂的非线性。当它们形成系统整体时，货币政策传导系统就会涌现出对宏观经济产生不同作用的新性质。因而非线性作用机制是货币政策传导系统从微观机制向宏观有序现象演化的内在动因。

6.2.2.4 随机涨落

货币政策传导系统经常处在一个复杂的经济、金融环境中，不可避免地要受到系统内、外界各种因素的影响和制约。在系统内、外界因素的影响和制约下，系统的状态参量不断偏离其平均值，从而形成各种随机涨落，在系统发生相变的临界区域附近，涨落会使系统偏离定态解；在临界点处，非线性作用的放大效应促使微涨落演化为巨涨落，系统以正反馈方式形成了序参量，并由这样的序参量促使系统其他参量主宰系统演化发展的方向和模式[42]，实现系统的组织结构、制度结构、功能、运行机制在复杂巨系统的层次上演化，正是这种涨落打开了货币政策传导系统结构演化和复杂行为产生的路径，推动货币政策传导系统从一个平衡态向一个更优平衡态的混沌演进、分岔演进，因而随机涨落是货币政策传导系统演化的动力学因素。货币政策传导系统中的涨落现象可能是外部环境力量如政治、经济、金融等引起的，或者是内部的利率、汇率、资产价格、物价等要素的改变导致的，也可能是两者同时变化触发了系统的演化。

综上所述，货币政策传导系统是一个开放的、远离平衡态、不稳定的非线性系统，因而货币政策传导系统具备形成耗散结构的基本条件，货币政策传导系统也必然会形成耗散结构。

6.3 货币政策传导系统的演化规律

货币政策传导系统是涉及利率、信贷、汇率、资产价格等多种传导渠道和变量且其结构、环节、机制都十分复杂的社会经济系统。组成其系统的利率、信贷、汇率、资产价格等多种传导子系统均有各自的演变规律，在货币政策传导系统动态演化中，它们相互联系、相互影响、相互支持、相互制约，因而由各个子系统构成的系统结构和复杂关系决定着货币政策传导系统的演变规律和运行机制。

货币政策体系由利率政策、汇率政策、信贷政策、准备金政策、贴现率政策等组成，这些政策往往有着不同的政策目标、传导机制、传导速度、不同的使用条件和价值，因而在货币政策传导中，有些政策组合具有协同作用，有些政策则是冲突的。作为货币政策当局在制定和执行货币政策时，必须根据经济形势和货币政策传导系统过程演化状态来调整货币政策传导系统的制度结构，即通过不同货币政策的组合，使货币政策传导系统和宏观经济形势向着逐渐循环优化的方向发展，由货币政策体系内协同过渡到整个经济政策系统之间的协同，进而最终达到货币政策传导系统协同优化和整个经济系统充分协同、平稳快速发展的总目标。货币政策传导系统协同演化的整个进程是其各个子系统相互作用、协同演化的过程，也是货币政策传导系统自组织、自适应、自学习的过程，使系统逐步从低层次协同向高层次协同优化的方向发展，即系统从低度有序向高度最优有序演化，或是从一种耗散结构向另一种更有序耗散结构转变[18]，最终实现货币政策传导系统的良性循环、演化。

根据耗散结构理论，把货币政策传导系统的熵变 dS 由两部分组成：

$$dS = d_iS + d_eS \qquad (6-2)$$

其中，d_iS 为系统内诸因素引起的熵产生，如货币政策传导系统的内部矛盾加强；系统内的信息不对称、通货膨胀、通货紧缩、滞涨、信用紧缩、利率波动、汇率波动、货币贬值、经济过热、金融风险、外部冲击、资本流动性不足、公众对金融的信心、金融监管的下降等，它们都会导致系统无序度的增加，系统随之不稳定，传导效率下降，系统出现熵增过程，即 $d_iS>0$。d_eS 为系统与外界经济、金融环境交换信息与能量时产生的熵流，即外部（经济、金融）因素对货币政策传导系统的影响，可通过外部控制使之为正或负。货币政策传导系统是以企业、家庭、银行、金融企业为基本主体的，他们都是"理性经济人"，具有自组织、自适应、自学习能力，当货币政策传导系统内部矛盾加强，出现熵增时，货币当局根据货币政策传导系统的过程演化状态来调整系统的制度结构、加强金融监管，尽力去化解系统动态演化中的风险和不确定性因素，使系统能从外部环境中获取负熵流以抵消系统内的熵增 d_iS，系统的总熵 d_iS 减少，此时系统向最优方向演进。当 $dS<0$ 时，系统向有序方向演化。

6.4 货币政策传导系统演化的熵流分析与熵判据

6.4.1 货币政策传导系统的熵流分析

货币政策传导系统是经济、金融系统的子系统，但其本质是一个复杂巨系统，与外界的经济、金融环境有着复杂的交换关系。它不断地从外界的经济、金融环境交换政策信息和指令以及各种经济要素变量的波动信息，经过货币政策传导系统传导机制的加工、交叉、催化作用再扩散、传播到外界的经济、金融环境，作用于实体经济，对宏观经济产生巨大影响。正是由于这种交换，才保持了货币政策传导系统不断由无序向有序的动态演化。与此同时，货币政策传导系统同外界的经济、金融环境之间有一个熵流，表示货币政策传导系统同外界环境发生交换时的熵变，它的作用是使货币政策传导系统有序化，其值代表货币政策传导系统对外界环境交换量，熵流值越大，表明外界同样输入时，货币政策传导系统的效率越高，货币政策传导的有效性就越强。

随着金融的国际化、全球化，全球金融市场、金融体系在迅速发育，金融运转的重要性上升，货币政策传导系统作为金融系统的子系统所包含各种矛盾因素也日益显露，如股市震荡、汇率波动、通货膨胀、信用紧缩、金融管理和监督不到位等，而这些矛盾因素的产生促使货币政策传导系统正熵的产生，而系统内矛盾的不断激化则表明系统正熵的不断增加。当货币政策传导系统正熵不断增加时，则系统将会越来越不稳定和杂乱无序。当系统中正熵增加到最大值时，即系统中矛盾达到不可调和时，就会银行危机、金融危机、经济危机等极端货币经济现象，对实体经济和虚拟经济都会造成巨大的破坏。因而货币政策传导系统内各种矛盾是系统正熵产生的源泉。而货币政策传导系统的负熵流是指有利于化解或缓和系统中各种矛盾的因素。事实上，一个稳定演化的货币政策传导系统通常就是典型的耗散结构，它通过不断地与外部的经济、金融环境交互和反馈吸收负熵流，抵消系统正熵增加，并以此保持系统的稳定与有序。所以货币政策传导系统的熵流变化显著影响系统的稳定与演化。

6.4.2 影响熵流产生的因素

（1）各种经济状态变量的变化：货币政策传导系统是涉及利率、信贷、汇率、资产价格等多种传导渠道和变量的非线性复杂经济系统，货币政策传导系统内各种经济变量发生微小变化都会通过其非线性作用机制对宏观经济产生巨大向好、向坏的影响，从而系统会出现相应负、正不同的熵流变化。

（2）制度结构的演化：货币政策传导系统是货币政策的金融环境、货币政策的目标、货币政策规则、货币政策的工具、货币政策的传导渠道、货币政策的外部因素冲击、金融监管的函数，因而当货币政策传导系统的制度结构演化适应系统过程演化状态时，货币政策传导系统和宏观经济形势向着逐渐循环优化的方向发展，这时就会出现负熵流；反之则会出现正熵流。

（3）组织机构因素：货币政策传导系统的组织结构主要是银行与各种金融企业。当银行和各种金融企业的组织文化不匹配、组织机构与其管理制度存在冲突或者产权关系不明晰时都会显著影响货币政策传导系统动态演化。如果银行和金融组织的制度性环境有利于提高货币政策传导系统有效性,这时就会出现负熵流;反之则会出现正熵流。

(4) 社会与文化因素:政治与企业集团的结构以及集团间关系;公众的伦理道德观念以及其引致的公众消费、理财观念。这些因素深刻地影响货币政策传导系统与金融系统、经济系统之间的分离、融合、支配、控制、共生等依存状态[42]。如果这些因素能有利于提高货币政策传导系统有效性,这时就会出现负熵流;反之则会出现正熵流。

6.4.3 货币政策传导系统演化的熵判据

根据以上分析和熵变理论,引入货币政策传导系统的熵 S 定义:

$$S = -k \sum_{i=1}^{n} p_i \ln p_i \quad (6-3)$$

其中,i 为影响系统熵值的各种因素,k 为波尔兹曼常数,p_i 为各种因素的权重。设货币政策传导内部影响因素数量为 n,各因素对其系统运行影响的概率值 p_i;系统外部影响因素数量为 m,各因素对其系统运行影响的概率值为 p_j,且 $\sum_{1}^{n} p_i = \sum_{1}^{m} p_j = 1$。由此,基于耗散结构理论而构建的货币政策传导系统的耗散结构模型如下:

$$\begin{cases} dS = d_iS + d_eS \\ d_iS = -k_1 \sum_{i=1}^{n} p_i \ln p_i \\ d_eS = k_2 \sum_{j=1}^{m} p_j \ln P_j \\ k_1 = (\ln(n))^{-1} \\ k_2 = (\ln(m))^{-1} \end{cases} \quad (6-4)$$

货币政策传导系统内部熵值 d_iS 是货币政策传导系统无序度的度量,熵值增加过程是货币政策传导系统逐渐由有序状态向无序状态演化的过程。d_iS 是系统内部发生不可逆过程引起的熵变,因而总是正的。货币政策传导系统与外界交换能量、物质所引起的熵流变化 d_eS,它可正可负。若外界提供足够的负熵流 $d_eS < 0$,且 $|d_eS| > d_iS$,则可做到 $dS < 0$,因而

远离平衡的非线性系统可通过负熵减少总熵，使系统从无序状态变为有序。利用前面模型，借助相关方法计算出 d_iS 和 d_eS 值从而得出整个货币政策传导系统的熵变值。依据 d_iS 符号则可对货币政策传导系统动态演化方向及其内部稳定度进行判断。

（1）$dS>0$，说明货币政策传导系统处在一种不稳定的恶性循环状态，此时系统从外界获取信息和能量难以形成和维持耗散结构，系统无序度增加、结构失稳。具体表现为：整个货币政策传导系统传导效率低下，潜在经济、金融风险会由微小涨落，通过货币政策传导系统的非线性机制放大为不利于宏观经济发展的巨涨落，外化为货币经济现象，如通货膨胀、通货紧缩、滞胀、银行危机、金融危机、经济危机等。因为 $d_iS \geq 0$，①若 $d_eS>0$，表示货币政策传导系统从外界得到是正熵，货币政策传导系统更快速地增加混乱程度，此时货币政策传导系统的制度结构演化完全不能适应系统过程演化状态；②若 $d_eS<0$ 且 $|d_iS|>d_eS$，表示货币政策传导系统从外界获取的是负熵，但这种负熵不足以克服自身内部的正熵，此时货币政策传导系统的制度结构演化能在一定程度上适应系统过程演化状态，但是不能解决货币政策传导系统传导效率低下的问题，在没有其他外力干涉的情况下，货币政策传导系统无法通过自组织演化生成最优。

（2）$dS=0$，说明货币政策传导系统处在平衡状态，系统中子系统也相对平稳，此时系统从外界环境中获取负熵流与系统内正熵相等。在这种状态下，货币政策传导系统能平稳运行。

（3）$dS<0$ 必有 $d_eS<0$ 且 $|d_eS|>d_iS$ 成立，说明货币政策传导系统处在良性循环状态，此时系统从外界获取显著的负熵，因而系统的总熵减小、有序度增强。具体表现为货币政策传导系统向更加有序的平衡态跃迁演化，系统中的有序化动力机制促使货币政策传导系统及其子系统通过自组织向最优方向演化，整个货币政策传导系统的传导效率呈最佳状态，这时的系统状态是货币当局希望和极力追求的。

6.4.4 货币政策传导系统演化具体形式

由第 4 章可知，货币政策传导系统具有组织结构分形、制度结构分形、运行（过程）分形和功能分形，是一个典型的分形体。随着世界经济全球化、一体化，各种经济、金融因素相互影响、相互交织，经济、金融系统稳定运行和发展必然受到更加严峻的挑战，作为其相伴而生的货币政策传导系统的组织结构分形、制度结构分形、运行（过程）分形和功能分形也必然在这些系统内、外因素推动下发生演化。货币政策的安排、货币政策工具的选择、货币政策目标的变化、金融制度的变迁、银行和金融机构的演进、货币政策和金融工具的创新等都是货币政策传导系统制度结构演化的具体表现，通货膨胀、通货紧缩、滞胀、银行危机、金融危机、经济向好等是其运行过程演化的具体表现；货币政策传导系统传导效率的变化是其功能演化的具体表现，它们都会通过货币政策传导系统对货币政策的有效传导产生深远影响，是货币政策传导系统动态演化的重要环节与关键内容。货币政策传导系统自组织演化实质是货币政策传导系统在经济、金融形势变化的条件下，其组织机构分形、制度结构分形、运行（过程）分形和功能分形随之不断地演进。

复杂系统的结构、状态、功能对于来自复杂系统内、外的各种干扰因素具有恢复或保持能力被称为复杂系统的稳定性。在经济现实中，在某一时期和一定条件下，货币政策传导系统的主要变量利率、信贷、汇率、资产价格与货币供应量存在着某种特定的联系而呈现出相对稳定的变化态势，这时货币政策传导系统是稳定的。也可能在一段时间里，货币政策传导系统在整体上是稳定的，但是在其局部，系统主要变量却不断地在系统内波动，当涨落不影响系统整体的稳定时，则表现为货币政策传导系统内部的一种起伏，即微涨落。在一定条件下，当货币政策传导系统内的正熵积累到最大值时，系统将随之进入高度不稳定的运行状态，微涨落在系统失稳临界点上被非线性作用机制放大而转化为巨涨落，货币政策传导系统原来的结构、状态、功能将不能再维持，其运行过程和运行效率也就随之演化。如果演化方向不是企稳向好，货币政策传导系统的运行效率下降，运行过程的演化就可能会外化为通货膨胀、通货紧缩、滞胀、银行危机、金融危机等经济现象。这些是中央银行和金融监管当局所极力避免的货币政策传导系统自组织演化的消极因素。当出现这些经济现象或预见其发生时，货币当局应该通过调整货币政策制度结构,并进行相应的货币政策操作来熨平经济波动,货币政策传导系统的制度结构也就随之发生动态演化。

6.5 货币政策传导系统动态演化的模拟研究

6.5.1 耗散结构系统演化的动力学模型

比利时布鲁塞尔学派的普里高津等为了描述耗散结构系统的动态演化过程在实际化学反应中总结和概括出其动力学模型——三分子模型。它为表达耗散结构动态演化建立分析工具和数学条件,但是该模型主要适合高浓度情形讨论。在低浓度情形下,耗散结构的动态演化模型是我国学者张棣和陈治融在文献[43]提出。本书把低浓度三分子模型引入货币政策传导系统演化研究,并把低浓度情况下耗散结构的形成条件作为货币政策传导系统演化的重要量化判据,为利用货币政策传导系统演化的熵变关系,来判断货币政策传导系统是否成为耗散结构,提供了理论依据和可操作的数学模型。

假设:A、B 是反应物,它们在化学反应中不断被消耗,同时也不断得到外界的补充;D、E 是生成物,它们在化学反应中量保持不变,因而生成后立即被取走;X、Y 是反应因子,它们的浓度在反应过程中是可变的。当 0 < A < 1 时,B 被限制在低浓度范围内,称为低浓度三分子模型,其化学反应式如下:

$$A \xrightarrow{k_1} X \tag{6-5}$$

$$B + X \xrightarrow{k_2} Y + D \tag{6-6}$$

$$X + 2Y \xrightarrow{K_3} 3Y \tag{6-7}$$

$$Y \xrightarrow{K_4} E \tag{6-8}$$

其中,在反应式(6-6)中,反应因子 X,Y 可以相互催化成对方的合成物,被称为交叉催化反应;式(6-7)中由于包含反应 Y→2Y 而被称

第6章 货币政策传导系统耗散演化研究

为自催化反应。交叉催化反应与自催化反应都包含正负反馈的非线性行为。而式（6-6）中的交叉催化效应则被德国著名学者艾根进一步归纳、概括为超循环理论。在反应式（6-7）中，有 X、2Y、3Y 三个变量参加，反应因子 Y 既是反应物又是生成物，并且包含自催化、交叉催化两种反应形式，因而第三组反应是低浓度三分子模型产生非线性项的源泉。

利用唯像方法可得到模型的动力学方程如下：

$$\begin{cases} \dfrac{dX}{dt} = k_1 A - k_2 BX - k_3 XY^2 \\ \dfrac{dY}{dt} = k_2 BX + k_3 XY^2 - k_4 X \end{cases} \qquad (6-9)$$

假定其动力学常数为 1，则模型的动力学方程可以转化为：

$$\begin{cases} \dfrac{dX}{dt} = A - BX - XY^2 \\ \dfrac{dY}{dt} = BX + XY^2 - Y \end{cases} \qquad (6-10)$$

令 $\dfrac{dY}{dt} = 0$，$\dfrac{dX}{dt} = 0$，可求得动力系统的定态解：

$$\begin{cases} X_0 = \dfrac{A}{A^2 + B} \\ Y_0 = A \end{cases} \qquad (6-11)$$

根据文献[44，45]在稳态点（X_0，Y_0）附近对系统作非线性稳定性分析，有结果如下：在 $0 < A < 1$ 的情况下，当 $B = \dfrac{1}{2}[\sqrt{8A^2 + 1} - (2A^2 + 1)]$ 时，定态解是中心；当 $B > \dfrac{1}{2}[\sqrt{8A^2 + 1} - (2A^2 + 1)]$ 时，定态解是稳定的焦点，也是系统的奇点吸引子，系统会从不同初始状态出发沿着不同的运动轨迹线回归于该点；当 $0 < B < \dfrac{1}{2}[\sqrt{8A^2 + 1} - (2A^2 + 1)]$ 时，定态解不再稳定，从不同初始状态出发的运动轨迹线最终将进入同一周期轨道的"极限环"。在极限环的不同位置上，X、Y 有不同的浓度，且随着时间和环境的变化，当系统处于极限环的不同时点上时，X、Y 的浓度也发生周期性的"化学钟"变化[46]。

6.5.2　货币政策传导系统演化模型的建立

货币政策传导系统具备自组织耗散结构的特征和形成条件，因而可以用具有自催化、交叉催化和超循环反应的自组织演化的动力学模型——低浓度三分子模型来分析货币政策传导系统的演化机制。现将低浓度三分子模型的反应元素转换定义，即将 A、B、D、E、X、Y 所代表的意义转变为货币政策传导系统演化过程中的因素。假设如下：

假设一：A、B 代表货币政策传导系统的两种形式的总熵流状态。A 代表系统的总熵值为正，这时系统总熵流为熵增状态，系统无序度的增加，整个系统失衡，不稳定因素增加，传导效率下降，系统出现熵增过程；B 代表系统的总熵值为负，这时系统总熵流减少，有序度增强，整个系统处于良性循环状态和过程之中，系统出现熵减过程。

假设二：X、Y 分别为导致货币政策传导系统产生正熵、负熵的因素。X 为导致系统产生正熵因素，如系统内的信息不对称、通货膨胀、通货紧缩、滞涨、信用紧缩、利率波动、汇率波动、货币贬值、经济过热、金融风险、外部冲击、资本流动性不足、公众对金融的信心等，它们的出现会导致货币政策传导系统出现不同程度的熵增过程；Y 为系统中产生负熵的因素，如科学合理的货币政策搭配、货币政策传导效率增强、货币政策传导系统中不确定性减少、适当的金融监管、系统中信息对称性增强、金融风险下降、金融资产安全性增加等。它们的出现会导致货币政策传导系统出现不同程度的熵减过程。

假设三：D、E 分别为货币政策传导系统跃迁演化两种组织形式：非耗散结构、耗散结构。D 为非耗散结构组织，这时货币政策传导系统吸取的信息和能量不足以形成和维持耗散结构，系统总熵增加，无序度加大，系统结构失稳，处于不稳定状态的恶性循环状态。具体表现为整个货币政策传导系统传导效率低下，潜在经济、金融风险会由微小涨落，容易通过货币政策传导系统的非线性机制放大为不利于宏观经济发展的巨涨落，外化为货币经济现象，如通货膨胀、通货紧缩、滞胀、银行危机、金融危机、经济危机等。E 为耗散结构，这时系统总熵减小，有序度增强，系统处于良性循环状态和过程之中。具体表现为整个系统处于一种平衡态向另一种新的平衡态有序跃迁状态。在这种状态下，货币政策传导系统从外界得到的是显著的负熵，此时，系统功能最佳，系统的有序化状态有足够的动力促使系统通过自组织向最优方向演化，系统的各个子系统也通过自组织协同最优演化，整个系统传导效率也呈最优态势，宏观经济系统也处于向最优状态方向演化，这时系统状态是货币当局希望和极力追求的系统演化状态。

假设四：k_1、k_2、k_3、k_4 分别为系统演化过程中不同阶段的条件。它们在演化过程的不同时期、不同阶段表现为不同形态，并对演化的方向和强度起刺激和催化作用[46]。例如，货币政策的经济和金融环境、货币政策的目标、货币政策规则、货币政策的工具、货币政策的传导渠道、货币政策的外部因素冲击、金融监管等内部因素和变量发生变化，以及我国国有商业银行进行股份制改造、利率市场化改革、汇率改革、人民币国际化、金融市场开放、金融全球化、金融管制的放松等外部环境条件等。

基于上述假设，货币政策传导系统演化的低浓度三分子模型构建如下：

$$A(熵增过程) \xrightarrow{k_1} X(正熵因素) \quad (6-12)$$

$$B(熵减过程) + X \xrightarrow{k_2} Y(负熵因素) + D(非耗散结构) \quad (6-13)$$

$$2X + Y \xrightarrow{K_3} 3Y(向熵减过程演化) \quad (6-14)$$

$$Y \xrightarrow{K_4} E(耗散结构) \quad (6-15)$$

该模型的定态解是 $X_0 = \dfrac{A}{A^2 + B}$，$Y_0 = A$，且当货币政策传导系统中总熵流 A、B（根据唯象建模原理，这里 B 取绝对值）满足：

$0 < A < 1, \ 0 < B < \dfrac{1}{2}[\sqrt{8A^2 + 1} - (2A^2 + 1)]$ 系统产生自组织演化行为时，形成耗散结构。而定态解的含义可以作如下解释：根据货币政策传导系统演化机理，当系统中正熵因素 X 起主导作用时，系统中不稳定因素增多，无序度增加，传导效率下降，使系统总熵值增加，出现熵增过程；但是系统中仍然可能会有一些负熵因素 Y 存在，使系统产生负熵，系统向

有序方向演化，出现熵减过程。因而因素 X 在系统中起主导作用时，系统必然会出现熵增过程 A 或者熵增、熵减过程同时存在（$A^2 + B$）的演化状态，所以有 $X_0 = \dfrac{A}{A^2 + B}$；但是当货币政策传导系统出现熵增过程 A 时，系统内部矛盾会加强。由于货币政策传导系统是以企业、家庭、银行、金融企业为基本主体的，他们都是"理性经济人"，具有自组织、自适应、自学习能力，这时货币当局会根据货币政策传导系统的演化状态来调整系统的制度结构、加强金融监管，即从系统外引入负熵因素 Y，打破货币政策传导系统内部僵化的平衡状态，消除系统演化的不确定性。当负熵不断流入货币政策传导系统，系统和宏观经济形势就会向着逐渐循环优化的方向演化，那么系统将会重新恢复其有效传导效率，所以有 $Y_0 = A$。在这一演化过程中，负熵因素 Y 发挥着重要作用，当因素 Y 引入的负熵值有限，而对原来系统状态冲击不大时，即系统涨落的"阈值"达不到临界值时，系统在整体上是稳定的，尽管在货币政策传导系统局部，其主要变量不断地在系统内波动，但是这种涨落并不影响系统整体的稳定，只是表现为系统内部的一种起伏——微涨落；当因素 Y 引入的负熵对原来系统状态冲击尖锐时，即系统涨落"阈值"达到或超过临界值，此时系统处于高度不稳定状态，微涨落在货币政策传导系统失稳的临界点上被放大，转化为巨涨落时，系统原有结构模式无法维持，货币政策传导系统的运行过程和运行效率就会发生演化，从而催生出新的系统演化形态。在 $0 < A < 1$，$0 < B < \dfrac{1}{2}[\sqrt{8A^2 + 1} - (2A^2 + 1)]$ 条件下，货币政策传导系统演化表现为一种循环共生演化的过程，即正熵因素 X 在经过与负熵因素 Y 的竞争和推动后，因素 X 被取代，他们的作用也有了明显下降，整个货币政策传导系统逐步从低级有序形式向高级有序形式演化——耗散结构。

6.5.3 货币政策传导系统演化路径分析

下面通过系统的演化模型来分析从货币政策选择与微观主体交互影响的微观机制到宏观经济的混沌有序演化的动态发展过程。

第6章 货币政策传导系统耗散演化研究

假设系统最初状态为经济过热、通胀风险增大。此时条件 k_1 为经济增长过热、通胀压力加大,系统的总熵流为 A,即系统出现熵增过程,那么此时宽松的货币政策如降低利率、增加货币供应量和信贷总量等都是系统的正熵因素 X。为了解决现实经济中经济增长过热、通胀压力加大问题,则必须使货币政策传导系统的总熵流变为 B,出现熵减过程。因而在条件 $k_2 = k_1$ 下,系统中引入负熵因素 Y,此时因素 Y 为提高利率或者法定存款准备金率、紧缩货币供给与信贷等紧缩货币政策。在条件 $k_2 = k_1$ 下,通过负熵因素 Y 的冲击或催化,实体经济中流动性供给下降,投资和消费得到压缩,从而给过热的经济降温,过高的通胀率被抑制,系统的负熵增多,出现熵减过程。当负熵因素 Y 较好地解决了系统熵增问题后,随着紧缩的货币政策持续,经济出现增长下滑甚至有衰退风险。由于货币当局具有自组织、自适应、自学习能力,根据系统演进状态,会对负熵因素 Y 加以修正、完善和提高,使其在正熵因素 X 的基础上进行自催化,即 $Y \rightarrow 2Y$;同时,在正熵因素 X 和经济出现增长下滑或衰退等新条件 k_3 的交叉催化下,实现了 Y 的超循环,即 $2X + Y \xrightarrow{K_3} 3Y$。这时负熵因素 Y 通过超循环转变为宽松的货币政策:降低利率,增加货币供应量和信贷总量等,保障流动性供给,刺激投资和消费,从而保证经济快速、高效运行。而经过超循环后的负熵因素 Y 又会在新条件 k_4 的催化下产生新的货币政策搭配与协同机制,使货币政策传导系统实现从混乱无序状态到有序状态的演化,系统的有序程度通过自催化、交叉催化和超循环得以跃迁形成耗散结构[46],从而使系统功能最佳,系统的有序化状态有足够的动力促使系统通过自组织向最优方向演化,系统的各个子系统也通过自组织协同最优演化,整个系统传导效率呈最优态势,宏观经济系统也会处于向最优状态方向演化,同时系统的组织结构、制度结构、系统功都能在更高的水平上循环演化。

通过以上分析可以看出,货币政策传导系统自组织演化过程是正熵因素 X 与负熵因素 Y 相互影响、共同作用的结果,系统演化状态是由它们在系统演化过程中力量对比所决定的,因而货币政策传导系统演化本质是因素 X、Y 在非线性机制作用下使系统成为耗散结构 E 或者非耗散结构 D 的过程。

6.5.4 货币政策传导系统演化模型的讨论

在物质、能量、信息开放条件下，对低浓度三分子模型的定态解及耗散结构条件进行数值计算和模拟表明，其演化过程在时间振荡、空间花样和空间结构上存在多种不同形式。

（1）低浓度三分子模型描述的是一种在时间上振荡且随反应因子浓度不同而涨落的周期性系统自组织演化行为。货币政策传导系统是一个开放的、非线性的复杂经济系统，随着时间的推移，系统正熵、负熵因素价值、意义、作用必然发生变化导致系统不断远离平衡态，整个系统的制度结构、运行过程、功能也处于远离平衡态的不断变动、演化之中。

（2）如果动力方程的扩散系数很大，则系统将在空间上保持均匀，X和Y浓度会随时间而持续振荡，系统此时的演化状态被称为化学钟，它的相规线是极限环。在货币政策传导系统的演化过程中，如果系统的扩散系数也很大，则系统中各个子系统的共生演化将随时间持续振荡，但最终的相规线也是极限环，因而耗散结构必然是系统演化的最后形态。

（3）如果系统在时间上恒定，那么在空间上X和Y浓度是非均匀分布的。因而在不同时点货币政策传导系统演化中，因素X和因素Y也并非总是均匀分布的，有时候因素X居于主导，有时候因素Y居于主导。但是，由于主导因素出现的根本原因不在于熵流的强度，而在于熵流的性质。

（4）如果浓度不够高，系统不能维持均匀，就得到一个对应于浓度波或稳定化学波传播的时间——空间结构。货币政策传导系统的动态演化过程中，若系统波动仅是微涨落，系统也将难以维持其均匀状态，可能会随涨落回归，而在临界点附近区域迂回徘徊；也可能在临界点失稳上被放大为巨涨落，从而形成货币政策传导系统的耗散结构。

6.5.5 货币政策传导系统成为耗散结构的判据

根据货币政策传导系统自组织演化模型的推论，若要系统自组织演化形成耗散结构状态，则总熵流A，B必须满足以下条件：

$$0 < A < 1, 0 < B < \frac{1}{2}[\sqrt{8A^2+1} - (2A^2+1)] \qquad (6-16)$$

根据唯象建模原理，前面表述中货币政策传导系统的总熵流 B 是用绝对值表示。为了表述方便，B 采用原值表示，并把上述条件作如下表述。

$$0 < A < 1, B > -\frac{1}{2}[\sqrt{8A^2+1} - (2A^2+1)] \qquad (6-17)$$

这时阈值（临界值）为 $-\frac{1}{2}[\sqrt{8A^2+1} - (2A^2+1)]$。当 B 输入没有到达阈值时，货币政策传导系统中仍然是无序的，系统中原来正熵因素 X 和负熵因素 Y 都有可能发挥主导作用，货币政策传导系统不能成为耗散结构；当 B 输入达到阈值时，货币政策传导系统处于临界状态；而当 B 输入超过阈值时，系统中原来起主导作用的因素 X 失去其作用机制，而因素 Y 的作用机制才能被催生出来，从而货币政策传导系统才能自组织演化形成耗散结构状态。

耗散结构判据虽然得自化学分析中，但是其意义和价值非常重要，可以适用于各种非线性的复杂经济系统。货币当局可以利用判据，监测货币政策传导系统运行状态，为有关经济决策机构提供决策依据；更为重要的是，货币当局可以通过调节货币政策传导系统总熵流 B 与 A 的浓度输入，使系统总熵流满足判据关系从而使系统向耗散结构突变。下面以中国货币政策传导系统为研究对象，利用中国货币政策传导的基础数据，建立中国货币政策传导系统基于突变理论的脆性综合评价模型，基于此对货币政策传导系统的耗散结构判据进行实证研究，以考察中国货币政策传导系统的演化状态。

6.6 实证研究

6.6.1 实证研究的逻辑框架

根据文献[47,48]，货币政策传导系统作为一类典型的复杂经济系统必然具有脆性。货币政策传导系统脆性是指由于外因和内因的作用使系统内部各个子系统功能耦合、互相适应的货币政策传导系统稳健性状态受到破坏,货币政策传导系统制度结构、功能等非平衡演化导致系统的风险积聚,从而系统丧失部分或全部功能的系统演化状态,主要通过银行、货币市场、金融市场和金融监管等子系统体现出来。货币政策传导系统脆性同非线性、耗散性、涌现性一样,是货币政策传导系统复杂性和演化性的重要体现,其具体表现为货币政策传导系统在某种条件下的突然崩溃,引发通货膨胀、金融危机、经济危机等恶性经济现象的爆发。由以上分析可以看出,货币政策传导系统的脆性与熵有密切联系:货币政策传导系统在演化过程中,当系统出现熵增时,则系统的无序度加大,系统结构容易失稳,因而系统脆性会相应增加;反之,当系统出现熵减时,则系统脆性下降。基于此,可以把系统的脆性变化定义为系统总熵流变化,进而可对前述货币政策传导系统演化路径的有关研究结论进行实证分析。

6.6.2 货币政策传导系统脆性综合评价的理论基础

由于货币政策传导系统的脆性变化具有明显的非线性、突变性,因而构建脆性的评价模型必须体现其突变性。下面将利用突变理论和文献[49]中方法构建货币政策传导系统脆性的综合评价模型。

由法国数学家雷内·托姆创立的突变理论主要是研究系统在动态演化过程中的不连续、突然变化现象的数学理论。常用的初等突变模型有以下三种:

尖点突变:

$$v(x) = x^4 + ax^2 + bx \tag{6-18}$$

燕尾突变:

$$v(x) = x^5 + ax^3 + bx^2 + cx \tag{6-19}$$

蝴蝶突变:

$$v(x) = x^6 + ax^4 + bx^3 + cx^2 + dx \tag{6-20}$$

其中,$v(x)$ 表示系统的状态变量 x 的势函数,状态变量的系数 a、b、c、d 表示该状态变量的控制变量。由方程 $v'(x)=0$ 和 $v''(x)=0$ 联立可得到分歧方程。当各控制变量满足分歧方程时,系统就会发生突变。

由分歧集方程可推导出归一化公式,这样系统内不同质态的控制变量可以通过归一化公式转化为由状态变量表示且可比较的同一种质态,从而对系统进行量化递归运算(见表6-1)。在处理数据时,利用突变理论进行综合评价,常用的有两种不同的准则:非互补准则,互补准则。互补原则是指当系统各控制变量间存在明显的关联作用时,总突变隶属函数值应取各控制变量相应的突变级数值的均值;非互补原则是指当系统各控制变量间不存在关联作用时,突变总隶属函数值取各控制变量相应的突变级数值中的最小值。

表6-1 归一化公式

突变类型	控制变量	状态变量	归一化公式
尖点突变	2	1	$x_a = \sqrt[2]{a}$,$x_b = \sqrt[3]{b}$
燕尾突变	3	1	$x_a = \sqrt[2]{a}$,$x_b = \sqrt[3]{b}$,$x_c = \sqrt[4]{c}$
蝴蝶突变	4	1	$x_a = \sqrt[2]{a}$,$x_b = \sqrt[3]{b}$,$x_c = \sqrt[4]{c}$,$x_d = \sqrt[5]{d}$

6.6.3 货币政策传导系统稳定性的评价体系

由于货币政策传导系统脆性和稳定性具有对立性,当货币政策传导系统的稳定度为 V_w 时,则系统脆性值 $V_c = 1 - V_w$。为简化货币政策传导系统脆性的综合评价,可先建立其稳定度综合评价。为科学、合理、有效地评价货币政策传导系统的稳定度,根据文献[50],并结合我国目前国情以及数据的可得性,提出以下中国货币政策传导系统的稳定度综合评价体系。

货币政策传导系统的稳定度

$= V_w = \{v_1, v_2, v_3\}$

= {货币政策传导系统,中国经济层面,国际经济层面}

$v_1 = \{v_{11}, v_{12}, v_{13}\}$ = {利率和汇率子系统,信贷子系统,资产价格子系统}

$v_{11} = \{v_{111}, v_{112}, v_{113}, v_{114}\}$

= {货币化程度 M_2/GDP,M_2 增长率,实际利率水平,实际汇率}

$v_{12} = \{v_{121}, v_{122}, v_{123}\}$ = {信贷增长率,信贷量/GDP,居民储蓄增长率}

$v_{13} = \{v_{131}, v_{132}, v_{133}\} = \{股票市值/GDP, 市盈率, 股指波动率\}$

$v_2 = \{v_{21}, v_{22}, v_{23}, v_{24}\}$
$= \{GDP 增长率, 固定投资增长率, 消费增长率, 国债发行额/GDP\}$

$v_3 = \{v_{31}, v_{32}, v_{33}, v_{34}\}$
$= \{负债率, 实际利用外资增长率, 贸易差额/GDP, 外汇储备/M_2\}$

以上综合评价体系选取体现出以下特点：第一，高度敏感性，指标值能敏锐而高效地反映货币政策传导系统的动态演化形态；第二，预警性，指标体系对货币政策传导系统的运行状态具有极强的预警性；第三，指标体现具有综合性，能全面、综合、客观地反映货币政策传导系统演化的主要过程和主要方面的实际情况；第四，可操作性强，能有效搜集到相对准确、可靠的指标值；第五，由于对复杂经济系统进行综合评价是一个复杂工程，因而利用以上18组指标仅能相对有效去反映货币政策传导系统的脆性和稳定性。

6.6.4 中国货币政策传导系统脆性的实证研究

下面先利用1993~2010年中国货币政策传导的年度基础数据对中国货币政策传导系统脆性进行综合评价，再利用1994~2018年中国经济数据对货币政策传导系统演化模型进行实证分析。书中基础数据来自国家统计局网站、中国人民银行网站、《中国金融年鉴》《中国统计年鉴》、国家统计局统计公报、《深圳证券交易所统计年鉴》。书中所用工具为EViews 10.0、MATLAB 2018。

6.6.4.1 指标数据处理

先将1993~2010年的同一指标的底层数据利用极值处理法标准化处理为[0，1]区间内的无量纲数值。标准化处理后数据见表6-2。计算公式为：

$$y_{ij} = \frac{x_{ij} - \min\limits_{1 \leq j \leq 18} x_{ij}}{\max\limits_{1 \leq j \leq 18} x_{ij} - \min\limits_{1 \leq j \leq 18} x_{ij}} \qquad (6-21)$$

其中，y_{ij} 标准化后数据，x_{ij} 为原始数据。i 为评价指标，i = 1, 2, …, 18，j = 1, 2, …, 18 分别代表 1993~2010 年，作为评价对象。

表 6-2　　1993~2010 年同一指标底层数据的标准化

年份	1993	1994	1995	1996	1997	1998	1999	2000	2001
v111	0.015	0	0.029	0.111	0.203	0.307	0.423	0.446	0.538
V112	0.527	1	0.775	0.586	0.225	0.113	0.208	0	0.095
V113	0.422	0	0.359	0.716	0.865	1	0.895	0.768	0.753
V114	0	0.454	0.569	0.765	0.9	0.985	1	0.944	0.947
V121	0.533	0.369	0.302	0.449	0.238	0.182	0.1	0.084	0
V122	1	0.732	0.719	0.644	0.415	0.252	0.213	0.299	0.253
V123	0.619	1	0.896	0.675	0.378	0.317	0.162	0.059	0.249
V131	0.026	0.013	0	0.071	0.146	0.151	0.221	0.423	0.336
V132	0.522	0.017	0	0.432	0.505	0.352	0.446	0.773	0.504
V133	0.872	0	0.24	0.884	0.937	0.578	0.348	0.403	0.734
V21	1	0.746	0.492	0.413	0.27	0.111	0	0.143	0.032
V22	0.675	0.426	0.12	0.301	0.124	0.352	0	0.189	0.313
V23	0.791	1	0.811	0.516	0.176	0	0	0.119	0.135
V24	0.061	0.144	0.186	0.221	0.381	0.83	0.715	0.894	0.83
V31	0.032	0.074	0.049	0.036	0.4	0.049	0.05	0.026	0.042
V32	0	0.869	0.903	0.948	1	0.717	0.734	0.008	0.744
V33	0	0.3	0.437	0.348	0.635	0.637	0.477	0.406	0.375
V34	0	0.03	0.012	0.171	0.168	0.179	0.378	0.143	0.193
年份	2002	2003	2004	2005	2006	2007	2008	2009	2010
V111	0.654	0.758	0.711	0.758	0.758	0.688	0.7	1	0.982
V112	0.203	0.329	0.108	0.239	0.203	0.199	0.294	0.693	0.333
V113	0.818	0.713	0.576	0.696	0.716	0.622	0.589	0.753	0.621
V114	0.988	0.935	0.869	0.897	0.842	0.661	0.454	0.554	0.481
V121	0.178	0.458	0.131	0.056	0.145	0.224	0.294	1	0.383
V122	0.129	0	0.089	0.181	0.178	0.268	0.284	0.864	0.727
V123	0.317	0.325	0.23	0.3	0.21	0	0.577	0.384	0.401
V131	0.256	0.235	0.166	0.123	0.302	1	0.388	0.524	0.619
V132	0.458	0.445	0.253	0.116	0.387	1	0.122	0.607	0.192

续表

年份	2002	2003	2004	2005	2006	2007	2008	2009	2010
V133	0.174	0.251	0.219	0.274	0.312	0.912	1	0.894	0.786
V21	0.029	0.349	0.281	0.524	0.571	0.683	0.302	0.254	0.508
V22	0.47	0.904	0.86	0.835	0.747	0.787	0.815	1	0.747
V23	0.082	0.904	0.266	0.25	0.283	0.41	0.607	0.357	0.475
V24	0.958	0.862	0.776	0.606	0.446	0.494	0.285	0	1
V31	0.028	0.029	0.032	0.015	0.011	0.	1	0.417	0.51
V32	0.535	0.177	0.59	0.092	0.103	0.521	0.845	0.903	0.741
V33	0.416	0.359	0.104	0.667	0.855	1	0.857	0.611	0.965
V34	0.282	0.381	0.516	0.643	0.723	0.801	0.785	0.959	1

6.6.4.2 年度指标归一化以及中国货币政策传导系统稳定度和脆性的计算

根据突变理论的归一化原理把每年度 18 个指标按照如下方式进行归一处理，求出表征每年度货币政策传导系统演化状态的系统总突变隶属函数值[50]，并以此作为货币政策传导系统稳定度综合评价的依据。

指标 v_{11} 是由 v_{111}，v_{112}，v_{113}，v_{114} 四个指标构成非互补型蝴蝶突变，所以 $v_{11} = \min\{\sqrt{v_{111}}, \sqrt[3]{v_{112}}, \sqrt[4]{v_{113}}, \sqrt[5]{v_{114}}\}$；指标 v_{12} 是由 v_{121}，v_{122}，v_{123} 三个指标构成非互补型燕尾突变，$v_{12} = \min\{\sqrt{v_{121}}, \sqrt[3]{v_{122}}, \sqrt[4]{v_{123}}\}$；指标 v_{13} 是由 v_{131}，v_{132}，v_{133} 三个指标构成非互补型燕尾突变，$v_{13} = \min\{\sqrt{v_{131}}, \sqrt[3]{v_{132}}, \sqrt[4]{v_{133}}\}$；指标 v_1 是由 v_{11}，v_{12}，v_{13} 三个指标构成互补型燕尾突变，$v_1 = \text{mean}\{\sqrt{v_{11}}, \sqrt[3]{v_{12}}, \sqrt[4]{v_{13}}\}$；指标 v_2 是由 v_{21}，v_{22}，v_{23}，v_{24} 四个指标构成非互补型蝴蝶突变，所以 $v_2 = \min\{\sqrt{v_{21}}, \sqrt[3]{v_{22}}, \sqrt[4]{v_{23}}, \sqrt[5]{v_{24}}\}$；指标 v_3 是由 v_{31}，v_{32}，v_{33}，v_{44} 四个指标构成非互补型蝴蝶突变，所以 $v_3 = \min\{\sqrt{(1-v_{31})}, \sqrt[3]{v_{32}}, \sqrt[4]{v_{33}}, \sqrt[5]{v_{34}}\}$；指标 V_w 是由 v_1，v_2，v_3 三个指标构成互补型燕尾突变，$V_w = \text{mean}\{\sqrt{v_1}, \sqrt[3]{v_2}, \sqrt[4]{v_3}\}$。

把表 6-2 中各年度标准化后的数据代入归一原理，用 MATLAB 2018 编程计算后可得各年度的稳定度和脆性，如表 6-3 所示。

表 6-3　　　　　　　货币政策传导系统的稳定度和脆性

年份	v_{11}	v_{12}	v_{13}	v_1	v_2	v_3	V_w	V_c
1993	0	0.7301	0.1612	0.5114	0.8772	0	0.5575	0.4425
1994	0	0.6075	0	0.2823	0.6787	0.4959	0.7498	0.2502
1995	0.1703	0.687	0	0.4317	0.4932	0.4129	0.7496	0.2504
1996	0.3332	0.6701	0.2665	0.7236	0.6427	0.7024	0.8764	0.1236
1997	0.4506	0.4879	0.3821	0.7482	0.4987	0.6999	0.8576	0.1424
1998	0.4835	0.4266	0.3886	0.7459	0	0.7089	0.5937	0.4063
1999	0.5925	0.3162	0.4701	0.7597	0	0.8232	0.6080	0.392
2000	0	0.2898	0.6504	0.5199	0.3782	0.2	0.7043	0.2957
2001	0.4563	0	0.5797	0.516	0.1789	0.7196	0.7343	0.2657
2002	0.5877	0.4219	0.506	0.7867	0.1703	0.7763	0.7933	0.2067
2003	0.6903	0	0.4848	0.5551	0.5537	0.5615	0.8106	0.1894
2004	0.4762	0.3619	0.3406	0.7222	0.5301	0.5679	0.8424	0.1576
2005	0.6206	0.2366	0.3507	0.7253	0.7071	0.4514	0.8541	0.1459
2006	0.5877	0.3808	0.5495	0.7841	0.7294	0.4688	0.871	0.129
2007	0.5838	0	0.9772	0.5861	0.8002	0.8047	0.8804	0.1196
2008	0.6291	0.5422	0.496	0.8159	0.5495	0	0.5741	0.3913
2009	0.8849	0.7872	0.7239	0.9288	0	0.7635	0.6328	0.3672
2010	0.6931	0.6189	0.5769	0.8521	0.7127	0.7	0.9103	0.0897

表 6-3 中 V_w、V_c 表示中国货币政策传导系统的稳定度和脆性综合评价结果。根据表 6-3 结果，可以看出 1993 年、1998 年、1999 年、2008 年、2009 年我国货币政策传导系统的稳定度低，脆性高，脆性至少在 0.35 以上。回眸我国的经济发展可以看出，这些年份货币政策传导系统脆性高与其当时经济发展实际是相符合的，例如，1993 年我国当年经济增长率为 13.4%，但是市场价格涨幅高（通胀率高达 16%），固定资产投资在建规模过大（固定投资增长达 50.6%），因而我国经济进入新一轮的过热，国民经济秩序全面失调，金融秩序紊乱，货币政策传导系统极度脆弱。1996~1997 年我国实现经济"软着陆"，我国货币政策传导系统稳定度增强。随着亚洲金融危机的冲击，1998~1999 年我国出口增长明显放慢，进口相应下降；社会有效需求不足，经济结构矛盾突出；物价方面出现一定程度的通货紧缩，同时多年来货币政策传导系统也积累了大量的金融风险，因而当时其脆性也极高。2008 年年初我国经济增长和物价上涨偏快，到 7 月

底,国际经济形势急剧变化,金融危机日趋严峻,并不断向实体经济蔓延,导致我国外部需求萎缩,出口增速明显放缓,国内生产总值增速回落,企业利润与财政收入增速下降,经济增速下行压力不断加大,给经济平稳发展带来巨大挑战。中国货币政策传导系统的脆性也由2007年的0.12突变上升到2008年的0.39。为了消除国际金融危机对中国经济的不利影响,我国政府实行积极的财政政策和适度宽松的货币政策,以提振内需弥补外需的不足,防止经济增速大幅下滑。随着这些经济政策的逐渐发挥效益,中国货币政策传导系统的负熵增加,其脆性也开始下降,2009年脆性为0.36,到2010年其脆性突变为0.09。

从上述分析可以看出,基于突变理论的货币政策传导系统稳定性和脆性的综合评价模型能够科学、客观地评估中国货币政策传导系统的脆性。

6.6.5 货币政策传导系统演化模型的实证分析

根据货币政策传导系统熵流变化与脆性变化的关系,则货币政策传导系统总熵流 S_n 与系统的脆性 V_{cn} 有以下关系:

$$S_n = V_{cn} - V_{c(n-1)} \tag{6-22}$$

其中,n 表示年份。由表6-3结果可得到中国货币政策传导系统1994~2010年的总熵流 S_n,如表6-4所示。

表6-4　　　　　货币政策传导系统年度熵流值

年份	1994	1995	1996	1997	1998	1999	2000	2001	2002
S_n	-0.1923	0.0002	-0.1268	0.0188	0.2639	-0.0143	-0.0963	-0.03	-0.059
年份	2003	2004	2005	2006	2007	2008	2009	2010	
S_n	-0.0173	-0.0318	-0.0117	-0.0169	-0.0094	0.2717	-0.0241	-0.2775	

从表6-4的结果看,1997年、1998年、2008年出现中国货币政策传导系统的总熵流为正的情况,由前面分析可知,这也与当时的国际和国内经济发展相吻合,1995年总熵流虽为正,但是其值很小,且稳定度很高,分析时把总熵流视为零处理。1994~1996年,1999~2007年,2009~2010年三个时段中国货币政策传导系统的总熵流为负,说明在这三个时段内中

国货币政策传导系统内的正熵少于负熵。1994年经济增长率为11.8%，通胀率24.1%；1995年经济增长率为10.2%，通胀率17.1%；1996年经济增长率为9.7%，通胀率8.3%。这些数据说明在1994~1996年我国政府通过合理进行政策搭配，科学引入负熵，使经济过热得到治理、物价得到有效控制，成功实现经济软着陆。数据和经济发展事实证实了前面关于货币政策传导系统耗散结构理论的逻辑推论：熵增过程能导致货币政策传导系统演化的无序化，外化为各种经济波动现象；熵减过程能导致货币政策传导系统演化的有序化，使经济企稳、向好发展。

根据前面的假设 A 为货币政策传导系统总熵流为正时的值，B 为总熵流为负时的值。当 $0 < A < 1$，$B > -\frac{1}{2}[\sqrt{8A^2+1} - (2A^2+1)]$ 时，货币政策传导系统能形成耗散结构。下面利用1998年、1999年数据进行验证。根据假设，$A = 0.2639$，$B = -0.0143$

$$-\frac{1}{2}[\sqrt{8A^2+1} - (2A^2+1)]$$

$$= -\frac{1}{2}[\sqrt{8 \times 0.2639^2+1} - (2 \times 0.2639^2+1)]$$

$$= -0.0543 < B$$

由于1998年和1999年中国货币政策传导系统总熵流 A、B 满足前面耗散结构条件，因而可以认为中国货币政策传导系统在1999~2007年形成耗散结构，这正是1999~2007年连续9年出现负熵流在理论上的求解。从表6-5的经济数据可以看出，1999~2007年中国经济持续快速增长，物价除2004年、2007年两年外也基本稳定，而投资、消费、进出口贸易也都实现了稳定、快速增长。前面数据经验地说明中国政府在9年间努力克服复杂多变的国际政治经济环境的不利影响，实施积极的财政政策和稳健的货币政策，加快经济结构调整，使经济运行总体质量和效益不断改善，国民经济保持持续健康发展。据此可以推断，中国货币政策传导系统在此期间通过经济涨落发生突变形成客观有序、能使经济快速、平稳发展的耗散结构，这也从经验上印证了前面根据耗散结构判断条件所得出逻辑推论，为货币政策传导系统演化的理论描述和中国的经济实践的一致性提供了现实性依据。

表 6-5　　　　　　　1999~2007 年中国主要经济指标

年份	1999	2000	2001	2002	2003	2004	2005	2006	2007
GDP 增长率	7.1%	8%	7.3%	9.1%	10%	10.1%	10.4%	11.1%	11.4%
CPI 增长率	-1.4%	0.4%	0.7%	-0.8%	1.2%	3.9%	1.8%	1.5%	4.8%
投资增长率	5.1%	10.3%	13%	16.9%	27.7%	26.6%	26%	23.8%	24.8%
消费增长率	6.8%	9.7%	10.1%	8.8%	9.1%	13.3%	12.9%	13.7%	16.8%
净出口增长率	11.3%	31.5%	7.5%	21.8%	37.1%	35.7%	23.2%	23.%	23.5%

分析 2008、2009 年的熵变数据，可知 A = 0.2717，B = -0.0241

$$-\frac{1}{2}\left[\sqrt{8A^2+1}-(2A^2+1)\right]$$

$$=-\frac{1}{2}\left[\sqrt{8\times 0.2717^2+1}-(2\times 0.2717^2+1)\right]$$

$$=-0.0568<B$$

2008 年、2009 年的熵变数据 A、B 也满足耗散结构形成条件，由此可以推断 2009 年以后中国货币政策传导系统有可能会再次形成新的耗散结构。2008 年国际金融危机爆发，由于我国经济对贸易出口的过度依赖和全球经济一体化的影响致使在 2008 年 9 月到 2009 年 9 月我国经济出现低迷。为应对国际金融危机影响与经济运行快速回落，我国政府采取了积极财政政策和适度宽松货币政策，即引入负熵。随着经济政策相互配合而充分发挥了作用，中国经济运行不仅企稳，而且出现了一波较高的恢复性增长，其中 2009 年经济增长率 8.7%，2010 年达 10.3%，这也从经验上初步印证了 2009 年以后中国货币政策传导系统可能会再次形成新的耗散结构的推断。

从表 6-6 的经济数据可以看出，2011 年我国国内生产总值达到 47.16 万亿元，超过日本成为世界第二大经济体。2011~2018 年我国经济一直保持中高速增长，GDP 年平均增长保持在 7.4% 左右，2018 年我国国内生产总值达到 91.93 万亿元。CPI 除 2011 年外，物价增长均保持在 3% 以下，保证物价的基本保持稳定。全社会固定资产投资从 2011 年 31.1 万亿元增长到 2018 年 64.57 万亿元，年平均增长 13.64%。全社会商品零售总额从 2011 年 18.39 万亿元增长到 2018 年 38.1 万亿元，说明 2011~2018 年的消费年均增长达到 12.1%，因而投资和消费均保持稳定增长的态势。城镇登

第6章 货币政策传导系统耗散演化研究

记失业率 2011～2018 年一直保持在 4.1% 以下，每年新增就业人口保持在 1300 万人左右。从 2014 年以后，城镇登记失业率开始稳步下降，实现了充分就业目标。国际收支总差额除 2015 年、2016 年两年逆差外，2011～2018 年的经常账号和非储备性质的资产和金融账户都保持在合理顺差区间，外汇储备资产保持 3 万亿美元以上。因而，2011～2018 年我国国际收支总体上实现了收支均衡。综合上述分析，2011～2018 年我国稳健的货币政策实现以实现经济增长、物价稳定、充分就业和国际收支平衡等四大经济目标。据此可以推断，中国货币政策传导系统在此期间形成运行稳定、高效传导的耗散结构，因而再次印证了 2009 年以后中国货币政策传导系统可能会形成新的耗散结构的推断。

表 6-6　2011～2018 年中国主要经济指标

年份	2011	2012	2013	2014	2015	2016	2017	2018
GDP	47.16	51.93	56.88	63.64	67.67	74.35	82.71	91.93
GDP 增长率	9.2%	7.8%	7.7%	7.4%	6.9%	6.7%	6.9%	6.6%
CPI 增长率	5.4%	2.6%	2.6%	2.0%	1.4%	2.0%	1.6%	2.1%
全社会固定资产投资	31.10	37.47	44.71	51.28	56.20	60.6	64.1	64.57
全社会商品零售总额	18.39	21.03	23.78	27.19	30.09	33.23	36.62	38.10
新增就业人口	1221	1226	1310	1322	1312	1314	1351	1361
城镇登记失业率	4.1%	4.1%	4.05%	4.09%	4.05%	4.02%	3.9%	3.8%
国际收支总差额	4016	1836	4943	2579	-1547	-2206	3135	1797
外汇储备资产余额	31811	33115	38213	38430	33304	30105	31399	30727

注：GDP、全社会固定资产投资、全社会商品零售总额的单位为万亿元人民币；新增就业人口单位为万人；国际收支总差额、外汇储备资产的单位为亿美元；国际收支总差额、外汇储备资产数据来自国家外汇管理局国际收支年度报告（2011～2018 年），其他数据来自国家统计局统计公报（2011～2018 年）。

但目前国际环境依然复杂多变，存在一些不确定因素，如全球经济增长放缓，贸易保护主义影响国际贸易发展和市场信心，国际政治不稳定可能推升市场避险情绪等。而当前我国国内产能也还存在严重过剩、经济结构严重失衡、高房价等以及复杂经济系统演化方向的多态性，所以暂时还不能准确预测本次耗散结构持续的时间。

6.7 政策启示与建议

利用耗散结构理论和低浓度三分子模型的研究逻辑和思路对货币政策传导系统演化机理的研究，可得到以下启示：

（1）通过利用耗散结构理论对货币政策传导系统演化机理分析说明货币政策传导系统的开放性以及货币政策的制度结构变革是货币政策传导系统从外部经济、金融环境引入负熵最重要通道。因而货币当局应通过增大货币政策传导系统的开放性以及系统制度结构变革，向系统的组织机构和管理者施以足够的环境涨落压力，以形成高效率、低管理熵的货币政策传导系统。

（2）货币当局应积极监测货币政策传导系统运行状态与外部环境变化。通过积极监测系统的运行状态与外部环境变化可以使货币当局及时、准确地了解货币政策传导系统运行状态、传导效率以及外部环境等的变化。当注意到货币政策传导系统出现熵增趋势时，货币当局可及时采取有效措施消除熵增因素、提高系统对外部经济、金融环境变化的适应性。

（3）经济运行中各种经济、金融风险与不确定性是导致货币政策传导系统熵增重要因素，货币当局应构建科学的经济、金融风险防范与预警机制，有效减少货币政策传导中的风险和不确定，以降低经济、金融风险和不确定带给系统正熵的增加。

（4）货币政策传导系统是一个动态的经济系统，随着时间的变化，系统主要变量不断变化，同时系统内负熵是系统中信息共享和信息对称性的增函数。所以银行、金融机构之间应该加强沟通，实现信息共享，增强系统中信息的对称性，以便于金融监管和货币政策的有效传导。

（5）货币政策传导系统演化机理分析表明，合理的货币政策工具搭配不仅有助于弱化货币政策传导系统内部正熵的积累，而且可以有效减缓外部经济、金融环境因素带给系统的正熵增加。因而货币政策当局在制定货币政策时，必须根据经济形势和货币政策传导系统过程演化状态来快速调整货币政策传导系统的制度结构,即通过合理搭配货币政策工具,使货币政策传导系统和宏观经济形势向循环优化方向演化。

6.8 本章小结

本章从系统开放视角对探讨货币政策传导系统结构演化及其对货币政策传导的影响。首先,从系统开放性视角对货币政策传导系统动态机制进行分析。把耗散结构理论引入货币政策传导系统演化机制的研究,对货币政策传导系统动态演化进行耗散结构和熵流分析;利用低浓度三分子模型模拟货币政策传导系统自组织演化行为;构建了基于突变理论的货币政策传导系统脆性综合评价模型,并用中国货币政策传导的基础数据对上述理论分析的结论进行实证验证。本章理论分析说明,货币政策传导系统在外部涨落催化下导致系统内部不断熵变,进而使系统产生非平衡跃迁演化,且通过合理政策工具的搭配可以使其形成经济平稳、高速发展的耗散结构模式。把耗散结构理论和低浓度三分子模型引入货币政策传导理论研究可以动态地、非线性地揭示货币政策传导系统演化的条件、机制以及演化路径,引导货币政策传导系统的自组织涌现,进而增强货币政策传导系统的自组织、自适应、自学习的能力和提高货币当局制定货币政策的前瞻性、及时性和灵活性。实证分析表明,中国的经济发展和货币政策的实践与货币政策传导系统演化的理论描述是吻合的,并为货币政策传导系统演化的理论模型和逻辑结论提供了现实性依据。

货币政策传导系统复杂性
及演化研究：仿真与
中国数据的实证
Chapter 7

第7章 货币政策传导系统协同演化研究

本章将从子系统竞争与协同视角探讨货币政策传导系统功能的动态演化。货币政策传导系统的动态演化中所蕴含的系统要素相关联以及子系统之间的协调、耦合导致的从无序到有序的思想，将协同理论与货币政策传导系统协同演化机制的分析，在系统思想的高度上联系起来，并为货币政策传导系统过程演化的协同机制研究提供构架工具。本章将在国内外货币政策传导理论研究现状的基础上，把系统理论中协同理论和思想引入货币政策传导系统的演化机制研究，用协同理论解读货币政策传导系统的演化机制，建立哈肯模型，并利用中国货币政策传导基础数据进行实证分析。

7.1 协同理论的分析框架

协同学是研究复杂系统中的各子系统的动态的竞争、合作、协调、协同使系统具有整体性、稳定性、目的性、确定性的科学。协同机制广泛存在于一切过程和领域中，系统越是复杂，协同价值越是明显，协同机制能便于系统中物质、能量和信息的传递、运输和转换。协同机制对复杂系统演化起着重要的作用，是系统演化的前提条件和重要基础。由于复杂系统的协同机制能使复杂系统中的各种矛盾达到整体统一，并将复杂系统整体功能放大，各子系统产生互补效应，使系统整体功能远大于各子系统功能之和。协同理论认为复杂系统从无序到有序转化的关键在于复杂系统的各子系统能在系统内部发生的非线性作用机制，它主要强调复杂系统内部的关联、协同以及复杂系统发生演化时，子系统间协调与耦合。远离平衡态的开放系统在由无序向有序转化的过程中，系统中不同的参变量在临界点处的行为是不同：有的参数阻尼大，衰减快，对系统演化的进程无明显的影响；有的参数出现临界无阻尼现象，衰减缓慢，在系统演化过程中起主导作用。根据参数在临界点附近变化，哈肯将参变量分为快、慢两类，这两类变量在系统演化中，相互制约、相互竞争、相互联系、相互协同。系统中慢参量通常只有一个或几个，但控制着复杂系统演化的整个过程，决定着复杂系统演化的结构、功能、方向，代表复杂系统的序或状态，是表征复杂系统有序程度的序参量。因而复杂系统的序参量支配子系统，而子系统伺服于参量。当复杂系统在从无序走向有序时会出现少数慢变量支配多数快变量的情形，从而可通过少数变量去控制复杂系统有序演化。因而在研究复杂系统演化时只须抓住序参量，不必注意所有的变量、所有的因素。以上是协同理论关于复杂系统演化内在机制的主要观点。

货币政策传导系统是一个开放的、远离平衡态、不稳定的非线性系统，它本身是金融系统的一个部分，同时也是一个由利率、信贷、汇率、资产价格等子系统所构成的具有自组织协同演化特征的复杂经济系统。下面将利用协同理论的核心要义作为理论框架，分析货币政策传导系统的协同演化机制。

7.2 货币政策传导系统的自组织特征

货币政策传导系统是一个动态的演化系统，演化的主要方向是内生的，即由系统内部的利率、汇率、资产价格、信贷等要素的改变来确定，因而货币政策传导系统的演化是一种具有自组织特点的经济现象。在经济开放和全球化条件下，经济的稳定、高速运行不仅需要利率、汇率、准备金等货币政策的协同，而且还需要与财政、产业等政策配合；不仅需要国内经济政策的配合，而且需要国际间经济政策的协调。所以货币政策传导系统动态演化机理具有自组织协同演化特征。

7.2.1 系统开放性与自适应性

货币政策传导系统的开放性源于其对系统外部经济、金融环境的开放，它会受到经济环境、金融环境、政治环境、文化环境等社会因素的影响和制约。随着经济开放和全球化的影响加深，货币政策传导系统和外部的政治、经济、技术之间的联系更加紧密，通过和外部环境之间相互作用、相互影响，进行信息、能量和物质的交换。在由利率、信贷、汇率、资产价格等多种传导渠道和层次所构成的货币政策传导系统中存在着不同内容的货币政策可选集，这个货币政策集合也是开放的，可以随时补充进来新的政策工具，淘汰失去存在价值的政策工具；此外，在货币政策的供给与需求中存在着来自货币政策传导系统的外部环境力量的冲击与挑战，这种力量是货币政策传导系统与外界交换物质、能量、信息而产生的，从而保持着系统的开放性和自适应性，使系统向最优方向运行。

7.2.2　系统各部分相互作用的非线性与系统非稳定性

非线性是货币政策传导机制从微观机制向宏观现象演化的内在动因。货币政策传导系统是一个多目标、多变量、非线性的综合体。在它的发展演化过程中，往往受到多种因素的影响，这就决定了其具有非常复杂的相互依赖和相互制约的关系。因而在货币政策的变迁中，一方面存在着自我强化和自我稳定的作用机制，存在着所谓的"路径依赖特征"；另一方面也存在着不断适应环境的行为过程和功能机制，还存在着货币政策变迁中的学习效应、协同效应；同时，系统中也存在着各种随机的涨落，这些涨落不断地通过各种非线性作用机制形成巨涨落，最终产生新的货币政策安排，导致突变的发生，进而产生对宏观经济增长具有重大影响的涌现效应。货币政策传导系统内组元之间和利率、信贷、汇率、资产价格等状态变量之间以及各子系统之间相互作用的机制都是非线性的，并且当系统状态变量改变时，货币政策传导系统的演化存在非线性的正负反馈机制，从而导致系统运行结果的多样化和复杂性。

货币政策传导系统演化中要素间的非线性相互作用，主要体现在以下方面：①货币政策传导系统中银行、金融机构、企业、居民等微观经济主体之间的反馈和协同作用；②货币政策体系中信贷、利率、汇率、资产价格等政策协同作用；③货币政策与财政、产业等政策体系配合作用；④国内与国际政策协调作用；⑤金融机构与金融监管机构的协同。

7.2.3　系统涨落性、突变性与系统功能涌现性

货币政策传导系统经常处在一个复杂的经济、金融环境中，不可避免地要受到系统内、外各种因素的影响和制约。在系统内、外因素的影响和

制约下，系统的状态参量对其平均值偏离，从而形成各种随机涨落，在系统发生相变的临界区域附近，涨落会使系统偏离定态解；在临界点处，非线性作用的放大效应促使微涨落演化为巨涨落，系统以正反馈方式形成了序参量，并由这样的序参量促使系统其他参量主宰系统演化发展的方向和模式，实现系统的组织结构、制度结构、功能、运行机制在复杂巨系统的层次上系统整体突变和新功能的涌现。正是这种涨落打开了货币政策传导系统结构演化和复杂行为产生的路径，推动货币政策传导系统从一个平衡态向一个更优平衡态的混沌演进和分岔演进。

7.2.4 协同演化的动力—竞争与协同

导致货币政策传导系统动态演化因素很多，利率、汇率、资产价格、信贷、准备金率、金融监管等是系统自组织协同演化因素，财政、产业等政策变量是系统他组织协同演化因素。货币政策传导系统内部各要素之间以及系统与外部经济、金融环境之间，既存在整体政策目标同一性也存在部分政策目标矛盾性，目标同一性的政策工具表现为协同因素，目标矛盾性的政策工具表现为竞争因素。正是由于这些因素既竞争又协同才促进货币政策传导系统的循环共生演化。因而具有竞争与协同关系各种政策变量的相互作用是货币政策传导系统有序演化的动力，其作用程度决定着货币政策传导系统演化的有序性和稳定性。货币政策传导系统的运行除了自发的规则的独立运动外，还有子系统之间由于一定的关联和制约而形成的协同运动。由于"理性经济人"的参与，使货币政策传导系统要素间的关联性更强，多种政策工具协同和配合会比单独政策工具更具优势。因此，货币政策传导系统的总体功能往往远远大于子系统功能之和，涌现出部分总和所没有的整体功能。货币政策传导系统在运行过程中子系统之间竞争与协同的相互作用也造就了货币政策传导系统的非线性作用机制，而这种协同中非线性的协同增益效应正是货币当局所期望得到的。货币政策传导系统各个子系统又有自己的优势、价值、政策目标，当一个子系统出现的非平衡波动时，子系统之间的非线性相互协同作用或推动系统的完善，或促进系统发生突变，使货币政策传导系统不断向最优方向演化。

7.2.5 序参量与系统有序性

货币政策传导系统是由利率、资产价格、汇率以及信贷等四个子传导系统组成，子传导系统之间传导机制、有效性、价值也存在差异，是非均衡的。但是在其动态演化过程中，始终存在着一些对货币政策传导系统演化起普遍作用的因素，这些因素构成货币政策传导系统演化动力的基本要素。它们之间发生多向、多维的交叉渗透关系，在货币政策传导系统内部既有相互干扰、排斥和抵消的一面，又有相互协调、促进和互补的一面，从而导致货币政策传导系统在非平衡状态下，某些使经济良性运行的模式能够逐渐占据优势地位、发挥着主动和主导的作用并形成序参量。同时系统在序参量的指引下，形成货币政策传导系统动态演化的合力，引导系统的协同演化方向和趋势，进而推动货币政策传导系统演化的不断有序进行。在货币政策传导系统协同演化过程中，何种因素发挥主导系统协同演化的作用正是需要理论分析与实证检验的方向。

综上所述，货币政策传导系统内部的各个组成部分和各种因素对系统的影响是存在差异的、不平衡的。当控制变量的变动把系统推过线性失稳点时，这种差异和不平衡就会暴露出来，就会区分出快变量和慢变量，慢变量主宰着演化进程，支配着快变量的行为，成为新演化形态的序变量。因此，基于其自组织协同演化特征，可利用哈肯模型对货币政策传导系统由于内部不同变量相互作用而发生的协同演化机制进行分析。

7.3 货币政策传导系统协同演化模型

7.3.1 模型的建立

著名学者哈肯把在一定外部条件下由系统内部不同变量相互作用而使系统发生的协同演化的过程用数学模型表述出来，即哈肯模型。他先设定快、慢两类变量，通过计算区分出快变量，找到线性失稳点，再消去快变量，得到序参量方程和演化方程组[51]，进而有效研究复杂系统自组织演化。哈肯模型如下：

$$\dot{q}_1 = -\lambda_1 q_1 - aq_1q_2 \qquad (7-1)$$

$$\dot{q}_2 = -\lambda_2 q_2 - bq_1^2 \qquad (7-2)$$

其中，q_1、q_2 表示状态变量，a、b、λ_1、λ_2 为控制变量，λ_1、λ_2 是阻尼系数，a、b 反映 q_1 与 q_2 的相互作用强度。而两个子系统的相互作用关系则可以通过方程来反映。系统的一个定态解为 $q_1 = q_2 = 0$，设 $|\lambda_2| \gg |\lambda_1|$，则表明状态变量 λ_2 是迅速衰减的快变量[51]，因此可采用绝热消去法令 $\dot{q}_2 = 0$，可得：

$$q_2 \approx \frac{b}{\lambda_2} q_1^2 \qquad (7-3)$$

将式（7-3）代入式（7-1），得到序参量方程为：

$$\dot{q}_1 = -\lambda_1 q_1 - \frac{ab}{\lambda_2} q_1^3 \qquad (7-4)$$

从式（7-4）求解出 q_1 后，代入式（7-3），则表示 q_1 决定了 q_2，而 q_2 也随 q_1 相应变化。因而 q_1 可以通过其支配能力使系统形成有序结构，是系统的序参量，主宰着系统动态演化。

在系统开放条件下，通过对哈肯模型的演化方程进行数值计算和模拟表明[51]，系统呈现多种动态演化行为。

（1）a 反映了 q_2 对 q_1 的协同影响，当 a 为负值时，q_2 对 q_1 起推动作用，其绝对值越大，推动也越大；而当 a 为正值，q_2 对 q_1 起抑制作用，其绝对值越大，阻力也越大。

（2）b 反映了 q_1 对 q_2 的协同影响，当 b 为负值时，q_1 抑制 q_2 的增长；当 b 为正值时，q_1 促进 q_2 的增长。

（3）当 λ_1 为负值时，说明 q_1 子系统已建起使系统有序演化的正反馈机制，λ_1 的绝对值越大，有序性也越高；当 λ_1 为正值时，说明 q_1 子系统存在着使系统有序演化的负反馈机制，λ_1 的绝对值越大，系统的涨落得以放大，无序性也越强。

（4）当 λ_2 为负值时，说明 q_2 子系统已建起使系统有序度增强的正反馈机制；当 λ_2 为正值时，说明 q_2 子系统存在着使系统有序度增强的负反馈机制。

为便于哈肯模型应用，可将哈肯模型离散化为：

$$q_1(k+1) = (1-\lambda_1)q_1(k) - aq_1(k)q_2(k) \qquad (7-5)$$

$$q_2(k+1) = (1-\lambda_2)q_2(k) + bq_1^2(k) \qquad (7-6)$$

7.3.2 变量的选取和依据

货币政策传导系统动态演化机制及其有效性问题是货币经济学中最复杂的问题之一，为了简化对其协同演化机制的研究，下面从金融机构的资产负债角度，把货币政策传导分为货币通道和信贷通道两个主要传导途径[52,53,54]。因而本章选取两个变量来表征它们系统演化机制：一是选取 LM 作为货币通道的代表变量，为广义货币 M2 的自然对数 LM；二是选取 LL 作为信贷通道代表变量，为金融机构的各项贷款余额 LOAD 的自然对数 LL。主要基于以下原因选取变量 LM 与 LL 来分析货币政策传导系统协同演化机制：

（1）货币通道包括利率、汇率、资产价格等三个传导子系统，是货币政策的重要传导通道。当货币供应量变化时，会导致利率、汇率、资产价格等变化，进而影响储蓄、消费、投资以及净出口，并最终影响就业、收入和总需求的变动。例如，当实施紧缩的货币政策时，货币供应量下降导致实际利率提高、股票价格下降以及本币升值，进而投资下降、净出口的下降，从而总需求和产出下降；反之，则相反。由此可以看出，货币供应量是货币通道传导的重要前提和演化基础，当货币供应量发生变化时，系统原有平衡受到破坏，使其远离平衡并达到新的有序，因而货币供应量变动是引发系统货币通道演化的主要原因和推动力。而货币供应量变化导致利率、汇率、资产价格等变动是货币通道演化的涨落因素，也是货币政策传导系统向有序方向协同演化的主要内部诱因。所以选取广义货币 M_2 的自然对数 LM 作为货币通道的代表变量，可以体现货币通道协同演化的特点，并作为哈肯模型的一个变量。

（2）信贷通道是通过银行贷款和资产负债表两种途径进行货币政策传导的。信贷通道传导是中央银行通过控制信贷规模，进而影响消费、投资，并最终影响产出和总需求的。例如，当紧缩货币政策时，金融机构信贷规模减少，随之可贷资金减少，进而引起投资支出和产量下降；反之，则相反。中央银行通过货币政策工具实施，对货币政策操作目标进行控制，以期对商业银行信贷行为进行影响。而商业银行通过信贷供给量的改变传递中央银行的政策意图，以控制货币供应量，进而影响企业和公众的行为，并改变实体经济的投资行为，从而最终实现货币政策目标。由此可以看出，信贷规模变化是信贷通道传导的演化基础，是信贷通道动态演化的涨落因素，也是货币政策传导系统向有序方向协同演化的内部诱因之一。所以金融机构的各项贷款余额 LOAD 的自然对数 LL 可作为信贷通道代表变量，并作为哈肯模型的一个变量。

（3）在本章中只选取了 LM、LL 两个重要协同演化变量，首先，变量 LM 与 LL 是反映当前我国货币政策传导系统动态演化特征的两个关键变量；其次，为了简化本章以及实际研究抽象的需要；最后，哈肯模型本身只需要两个变量参与运算。而识别 LM 与 LL 哪一个变量的作用更为明显，对于控制和调节我国货币政策传导至关重要，下面通过实证分析来进行识别。

7.4 实证研究

7.4.1 样本选取与数据处理

本章以 LM 作为我国货币通道的代表变量，以 LL 作为我国信贷通道的代表变量。章中基础数据来自国家统计局网站、中国人民银行网站、国家统计局统计公报。样本选自 2009 年 1 月到 2018 年 12 月的月度数据为研究对象，样本容量 120 个。以 LM 代表广义货币供应量 M2 的对数，以 LL 代表金融机构的各项贷款余额 LOAD 的对数。本章所用工具为 EViews 10.0。

7.4.2 实证分析

设 LM 为序参量，即为 q_1，LL 为 q_2，根据方程式（7-5）、式（7-6），

利用计量经济学中广义矩法 GMM 回归可以得到货币政策传导系统动态演化方程：

$$LM(k+1) = (1-\lambda_1)LM(k) - aLM(k)LL(k) \quad (7-7)$$

$$LL(k+1) = (1-\lambda_2)LL(k) + bLM^2(k) \quad (7-8)$$

利用2009年1月到2018年12月的月度数据计算出来的 LM，LL 数据，利用 Eviews10.0 软件回归得：

$$LM(k+1) = 1.008LM(k) - 0.0005LM(k)LL(k) \quad (7-9)$$
$$(450.3208) \quad (3.1988)$$

$R^2 = 0.9989$ Adjusted $R^2 = 0.9989$ DW = 2.3479

其中，回归方程下方括号中的数字为 t 检验值（下同）。

$$LL(k+1) = 1.0102LL(k) - 0.00066LM^2(k) \quad (7-10)$$
$$(602.5327) \quad (-5.5929)$$

$R^2 = 0.9996$ Adjusted $R^2 = 0.9996$ DW = 1.7031

由于式（7-9）、式（7-10）中拟合优度 R^2 很高，而系数的 t 检验值都很大说明变量 LM、LL 之间不具有共线性。系数的 t 检验值的绝对值都大于2，说明系数的真值至少有95%的可能性不为0。而回归方程式（7-9）、式（7-10）的 DW 检验值、拟合优度 R^2 以及调整后 R^2 都说明它们回归拟合效果非常好，因而方程式（7-9）、式（7-10）反映了变量间的关系。

利用上述中国货币政策传导基本数据对货币政策传导系统动态演化方（7-9）、（7-10）进行模拟，模拟结果如图7-1至图7-4，其中图7-1、图7-2分别为 LM、LL 的静态预测，图7-3、图7-4分别为 LM、LL 的动态预测。

综合考虑式（7-9）、式（7-10）这两个回归方程反映了两个变量 LM 与 LL 变化的相对快慢，因而具有很强的解释意义。

由式（7-9）、式（7-10）中的系数，可以得到：

$1-\lambda_1 = 1.008$，所以 $\lambda_1 = -0.008$；$1-\lambda_2 = 1.0103$，所以 $\lambda_2 = -0.0103$。

$|\lambda_2| = 0.0103 > |\lambda_1| = 0.008$，即 LM 与 LL 相比，LL 变化比 LM 快，因而 LM 是序参量，其变化较慢、阻尼较小，这与前面的假设一致。这时，a = 0.0005，b = -0.00066，a、b 这两个系数反映 LM 与 LL 相互作用的效果。

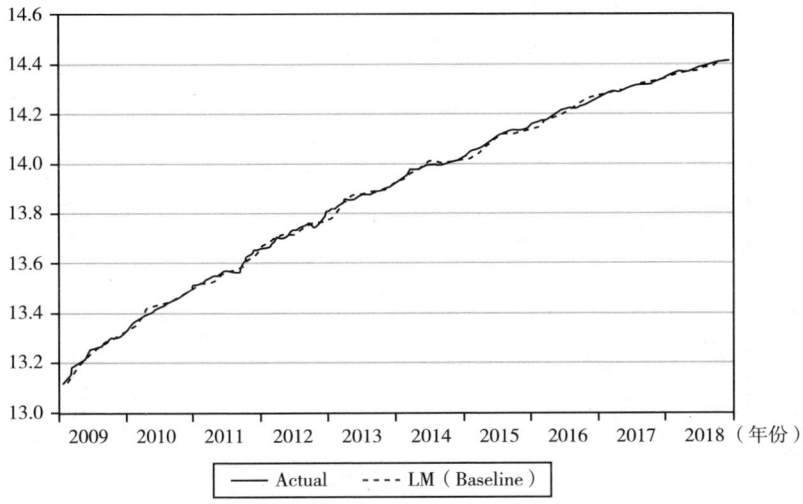

图 7-1 LM 的静态预测图

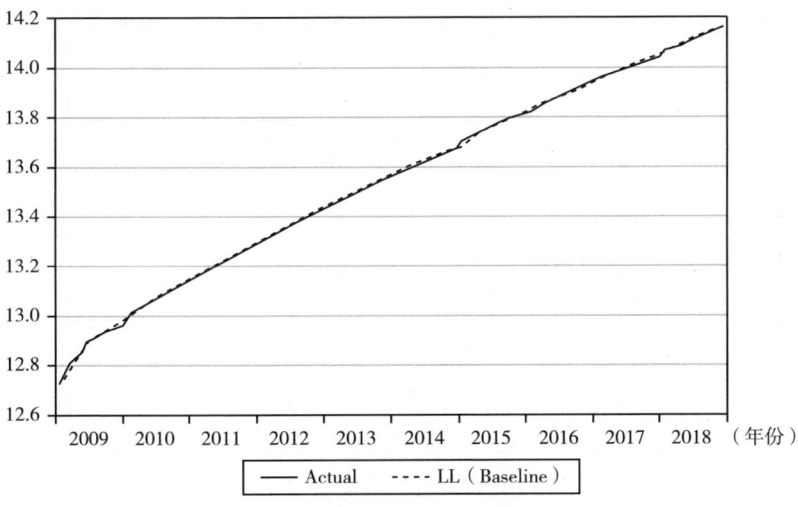

图 7-2 LL 的静态预测图

反映 LM 与 LL 相互作用的演化方程如下

$$LM' = 0.008LM(k) - 0.0005LM(k)LL(k) \qquad (7-11)$$

$$LL' = 0.0103LL(k) - 0.00066LM^2(k) \qquad (7-12)$$

令 LL′ = 0，求得方程（7-12）的近似解为：

$$LL \approx -\frac{b}{\lambda_2}LM^2 = \frac{0.00066}{0.0103}LM^2 = 0.0641LM^2 \qquad (7-13)$$

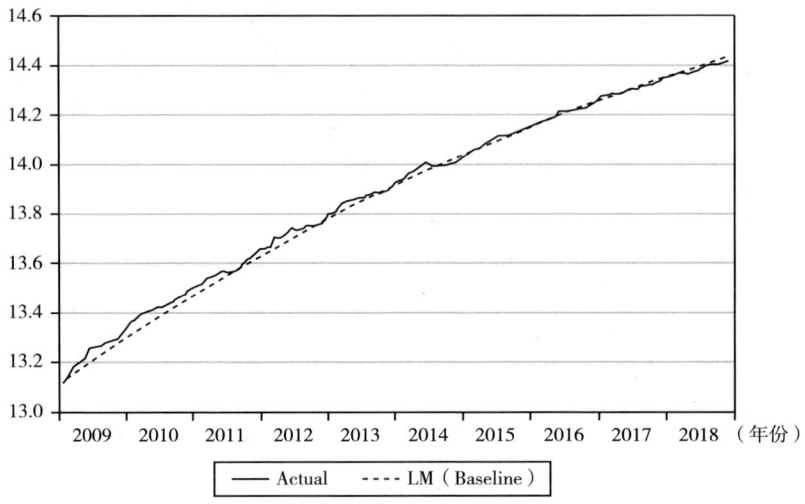

图 7-3 LM 的动态预测图

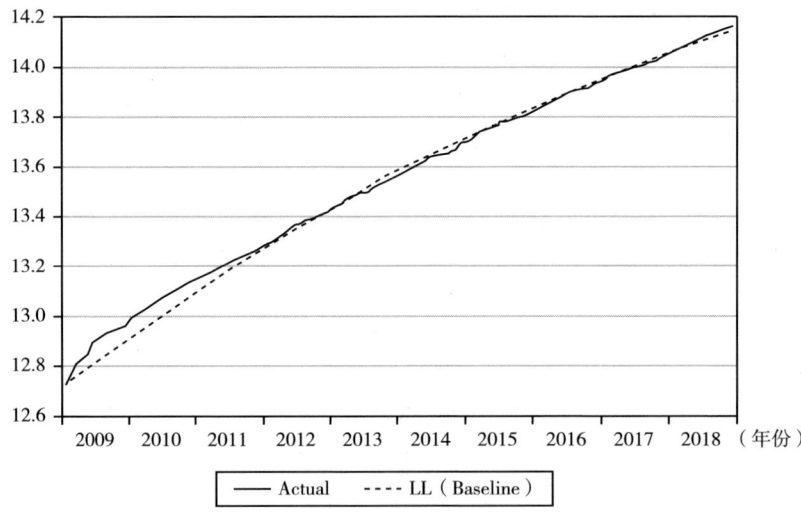

图 7-4 LL 的动态预测图

它表示 LL 随 LM 的变化而变化,将式 (7-13) 代入式 (7-11) 中,得到序参量方程:

$$LM' = 0.008LM - 0.0005LM \times 0.0641LM^2$$
$$= 0.008LM - 0.000032LM^3 \quad (7-14)$$

对式 (7-14) 的相反数积分可求得势函数:

$$F = 0.004 LM^2 - 0.000008 LM^4 \qquad (7-15)$$

令 $LM' = 0$，求得序参量方程的两个定态解为：

$$LM = \pm \sqrt{\frac{0.008}{0.000032}} = \pm 15.81 \qquad (7-16)$$

势函数 F 的二阶导数为：

$$\frac{d^2 F}{d(LM)^2} = 0.008 - 0.000096 LM^2 \qquad (7-17)$$

将所求的定态解 $LM = \pm 15.81$ 代入式（7-16）中，得到：

$$\frac{d^2 F}{d(LM)^2} = 0.008 - 0.000096 LM^2 = -0.016 < 0 \quad (7-18)$$

这说明 $LM = \pm 15.81$ 这两点处，其势函数有极大值。

势函数 F 的结构特性反映货币政策传导系统协同演化机制，也就是当状态参量（q_1, q_2）和控制参数（a, b, λ_1, λ_2）发生变化时，货币政策传导系统的势函数也会相应发生变化，由原来的稳定态变为不稳定态。从势函数的图中（见图 7-5）可以看出，在适当的控制变量下，货币政策传导系统内部的信贷通道与货币通道的代表变量会发生非零作用，形成新的稳定定态解 $LM = \pm 15.81$，也就是说，在稳定态解处系统产生了新的有序结构，而从方程（7-9）、式（7-10）可知，此时货币政策传导系统动态演化的序参量是货币通道的代表变量。

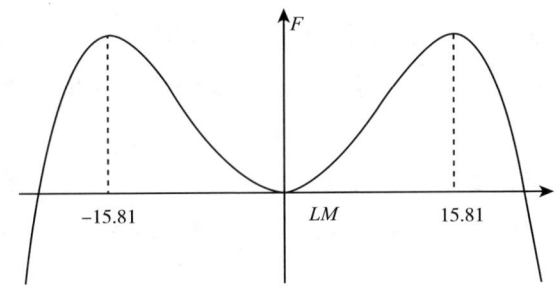

图 7-5　货币政策传导系统动态演化过程的势函数曲线

7.5 政策启示与建议

通过前述理论和实证分析，可以揭示中国货币政策传导系统协同演化规律，代表货币通道演化的变量 LM 是中国货币政策传导系统协同演化的决定因素。货币政策传导系统协同演化规律具有深刻的政策含义，对于进行货币政策传导系统演化的研究、货币政策安排以及货币政策工具的选择具有相当重要的指导意义和价值。

7.5.1 货币通道的代表变量 LM 是中国货币政策传导系统动态演化的序参量

式（7-7）和式（7-8）组成的货币政策传导系统的演化方程组揭示了中国货币政策传导系统动态演化过程的特征：在中国货币政策传导系统协同演化过程的临界点上，主宰系统演化的序参量是货币通道的代表变量 LM。尽管在当前和今后一定时间内，信贷通道仍是我国货币政策传导的一个重要通道，但是由于该通道在理论上存在无法克服的缺陷，如在实施扩张性政策时期作用就比较小等，因而信贷通道仅能作为货币政策传导的一种辅助性通道。从 1996 年开始我国逐步实施利率市场化改革，1998 年我国又进行金融宏观调控方式改革：从直接金融转向间接金融。随之我国货币政策传导机制也逐步转为规范的货币通道为主体。这是我国市场经济体制改革的内在要求，也是货币政策传导系统动态演化的必然结果。本章的实证结果正是对中国货币政策传导系统动态演化进程的经验说明。

7.5.2 货币通道与信贷通道的协同作用促进货币政策传导的有效性

控制参数 $a = -0.0005$，其值为负，实证说明了我国信贷通道的政策变量能促进货币政策传导系统的传导效率，我国的信贷政策与货币通道中政策变量如利率、汇率、资产价格等之间具有协同增效应；a 绝对值较小，说明信贷政策对货币通道中政策变量协同度还较低。而 b = -0.00066，其值为负，这经验地说明了我国 2009 年 1 月到 2018 年 12 月货币通道的政策变量还没有很好配合信贷政策并提高信贷通道的有效性。因此，为了促进经济平稳、快速发展，必须加大金融政策工具的创新，并适当加强金融监管，大力发挥货币通道与信贷通道的协同作用，使之产生更好的政策协同增益效应，可以有效提高货币政策的前瞻性、及时性和灵活性。

7.5.3 积极推进货币通道成长，加速建立货币政策有效传导的正反馈机制

$\lambda_1 = -0.008$，λ_1 是负值，说明目前中国货币通道的政策工具（利率、汇率等）已经具备使货币政策传导系统向有序演化的正反馈机制。λ_1 的绝对值较小，说明尽管货币通道的演化变量 LM 是中国货币政策传导系统动态演化的序参量，但是这些政策工具能使系统产生有序度还很低。因而必须通过以下措施积极推进货币渠道的成长：第一，深化利率市场化改革。利率传导机制是货币通道的核心，只有实现利率市场化，才能使我国货币通道存在的诸多局限消除。第二，金融市场的发展水平制约着利率传导机制，因而进一步培育和发展金融市场有利于推进利率市场化，进而提高货币通道的效率。基于此，首先要消除货币市场、信贷市场、中长期债券市场上的缺陷，疏通利率传导机制；其次要消除股票市场上的缺陷，疏通资产价格、财富效应等通道；最后要消除外汇市场上的缺陷，疏通汇率通道。第三，根据货币政策工具的功能，利率是对内经济的调节，资产价格是资本市场的调节，而汇率是对外经济的调节。单一的利率、资产价格或汇率机制都不具备对经济的全面调节，只有三者密切配合和协同，运用利率—资产价格—汇率联动机制，完全打通货币通道，才能达到经济共同均衡目标。

7.5.4 完善信贷通道，促进货币政策传导系统协同演化机制的形成

$\lambda_2 = -0.0102$，是负值，说明信贷子系统已建起使系统有序度增强的正反馈机制，信贷通道在中国货币政策传导的作用和地位已经下降，甚至产生了对货币政策传导一定程度的梗阻。这与我国目前以间接金融为主的

货币政策传导格局是相吻合的。1998年1月，中央银行金融宏观调控方式从直接金融转向间接金融。随着这一管理体制的重大变化，货币政策的信贷通道虽然仍承担着向企业和居民供应货币的重要渠道作用，但是其价值和作用已经有很大弱化，原因如下：第一，由于大企业的自我融资能力较强，信贷规模的扩张与收缩对它们并不能形成显著的影响，因而信贷通道影响的对象主要是那些依靠外部融资来经营的中小企业；第二，间接调控使中央银行影响商业银行和其他金融机构信贷供给的能力受到严峻挑战；第三，由于信用工具与金融创新的快速发展，替代银行信用的金融衍生品增多，信贷通道的作用则将进一步减弱。

由于信贷机构体系是对货币供给数量和结构有重要影响，并且是货币通道的重要基础设施，为了形成与货币通道有效协同机制，必须完善信贷通道。主要措施有：第一，鼓励商业银行积极开拓信贷市场，培育新的业务增长点，扩大其作用空间；第二，深化商业银行改革，改善道义劝说和窗口指导，进而提高中央银行直接影响商业银行贷款供给的能力；第三，改善中小商业银行信贷市场上竞争地位，增强信贷市场的竞争性。

7.6 本章小结

本章从子系统间竞争与协同视角对探讨货币政策传导系统结构演化及其对货币政策传导的影响。货币政策传导系统是一个开放的、远离平衡态、不稳定的非线性系统，其动态演化机制也具有自组织协同演化特征。本章把协同理论引入货币政策传导系统动态演化机制研究，建立其动态演化的哈肯模型，并利用中国货币政策传导的基础数据进行实证分析。本章理论和实证分析表明，货币通道的代表变量是中国货币政策传导系统动态演化的序参量；中国货币政策传导系统中的货币通道与信贷通道具有协同机制，但协同度不强。因而只有在系统开放条件下，积极推进货币通道成长、完善信贷通道且不断加强系统内外各种政策工具的协同和配合，使货币政策传导系统产生协同增益效应，才能有效提高货币政策传导效率，实现宏观经济的平稳、快速发展。

货币政策传导系统复杂性
及演化研究：仿真与
中国数据的实证
Chapter 8

第8章 结论与展望

本章首先对本书理论与实证分析所得出的重要结论进行简单回顾，其次归纳与拓展本书前面章节从货币政策传导与系统管理两个方向得出结论与政策建议，最后将在本书研究基础上对货币政策传导系统的进一步研究进行展望。

本书运用系统理论与思想，通过规范分析、建立模型、实证分析等方法系统研究了货币政策传导系统的动态演化问题。本书归纳起来进行两个层次四个方面的研究：第一个层次是货币政策传导系统结构的复杂性，包括时间结构、空间结构；第二层次是货币政策传导系统结构的动态演化，包括耗散演化、协同演化。分析表明正是因为货币政策传导系统具有结构复杂性才导致其系统结构不断演化，而系统的动态演化又强化了系统的复杂性。第一方面是时间结构：对货币政策传导系统产生复杂性动因与机制——混沌性进行理论与实证研究。第二方面是空间结构：把分形理论引入货币政策传导系统研究，对货币政策传导系统的组织结构、制度结构、功能结构、运行结构等方面进行深入细致的考察和研究；第三方面是耗散演化：把耗散结构理论、低浓度三分子模型引入货币政策传导系统演化机理研究，并利用唯象方法建立货币政策传导系统演化的动力学模型，基于模型对货币政策传导系统的非平衡演化进行分析；第四方面是协同演化：把协同理论引入货币传导系统演化机制的研究，从政策协同角度对货币政策传导系统的动态演化进行分析，在此基础上建立货币政策传导系统动态演化的哈肯模型并利用中国货币传导基础数据进行实证研究。

8.1 结论与政策建议

本书主要研究结论与政策建议归纳如下：

8.1.1 货币政策传导系统的混沌特性

结论一：本书的理论和实证分析表明，货币政策传导系统由于具有开

第8章 结论与展望

放性、非线性、演化性、涌现性、不确定性等致使其具有深刻复杂性和混沌特性。

政策启示与建议1

货币政策传导系统的内在随机性表明货币政策传导系统的紊乱具有内生性,同时也说明系统具有一定的确定性结构,在其动态演化背后存在一定决定论的支配规则。因此,提高货币政策传导系统运行效率、防止系统剧烈波动的关键在于必须以货币政策传导系统混沌规律为基础构建完善的货币政策传导机制,以增强货币政策传导系统的稳定性和抗干扰能力,从根本上消除由货币政策传导系统内在随机性所引发系统异常波动的根源。为了消除货币政策传导系统的内在随机性,首先货币当局应该加强信息的披露和共享,降低货币政策传导系统主体获取真实信息的成本、提高系统主体间信息的对称性,以便系统主体形成良好的、稳定的经济预期,减弱系统内在随机性对系统稳定的危害。其次,货币当局应积极引导系统主体的自学习过程,培育货币政策决策者、执行者以及其他系统主体的自主决策能力与理性思考意识,这样系统主体才能对影响货币政策传导系统运行和演化的各种信息形成正确、无偏的理解,从而最终形成有效的货币政策搭配,达到提高货币政策传导的效率、降低经济波动的目的。

政策启示与建议2

货币政策传导系统中的蝴蝶效应要求货币当局要健全货币政策传导过程中的监管机制。蝴蝶效应说明,初始条件十分微小的变化经过不断放大,对系统的未来状态会造成极其巨大的差别。它通过"双刃剑"作用于货币政策传导系统:一个好的微小的机制,只要正确指引,经过一段时间的努力,将会对系统产生良性的轰动效应;一个坏的微小的机制,如果不加以及时地引导、调节,就会通过蝴蝶效应进行无限放大,给经济、金融系统带来非常大的危害。在金融自由化和经济全球化的今天,世界各地都处在不同程度的金融开放之中,金融已经成为现代经济的血液,货币政策传导系统更是重中之重,一旦脱离监管,将危害经济稳定,因而必须加强对货币政策传导系统的监管。货币当局应通过不断调整货币政策的制度结构，完善货币政策传导的运行及其监管机制，最终达到规范资本市场、外汇市场和货币市场，提升货币政策传导的有效性，促进经济发展。

政策启示与建议 3

混沌控制理论表明，一个混沌系统在满足一定条件下，通过适当的技术方法可使系统中的某些性能指标达到最优。这从理论上说明了货币政策传导系统中混沌现象也具有可控性。当货币政策传导系统发生混沌时，货币当局应首先分析货币政策传导系统出现剧烈波动的动因，再根据波动原因合理调控导致系统演化序参量以及系统的制度结构；其次应该通过科学的评价方法及评价指标体系货币政策传导系统混沌对实现货币政策各个层次目标的影响或贡献进行系统分析评估。当发现货币政策传导系统混沌有可能诱发等恶性经济现象时，货币当局应该基于对货币政策传导系统制度结构以及系统混沌动因的分析采取有效政策工具组合对其进行防范。

8.1.2 货币政策传导系统分形性

结论二：本书的理论和实证分析表明，货币政策传导系统是一个典型的分形体，具有组织结构分形、制度结构分形、功能分形、运行（过程）分形等分形特征。

政策启示与建议 4

货币政策传导系统的组织结构分形特征要求货币当局构建扁平化的管理模式。银行和金融机构实行扁平化管理模式能有效提高货币政策传导，主要体现在以下方面：一是管理层减少，可使信息快速透明地传递，减少了信息传递中的堵塞、变形、损耗问题，缩短货币当局的决策时滞，提升其决策的科学性。二是中间管理层被精简，可节约了经营和管理成本，提高了管理效率和机构的竞争力，同时人力资源也可再次合理配置。三是组织内部利益冲突下降，整个组织能团结一致、统一指挥，使机构能敏捷地应对系统主体需求变化，增强了组织的灵活性和适应性。

第 8 章　结论与展望

政策启示与建议 5

货币政策传导系统的制度结构分形特征要求中央银行应设计出商业银行和其他金融机构的各项内部制度体系以建立和健全银行和金融机构的内部控制，防范金融风险，保障银行体系安全稳健运行，规范商业银行和其他金融机构的行为。中央银行也要设计出全面、精细、审慎、有效且互相支撑的货币政策体系，以便使其既要发挥货币政策的总量调节效应，也要发挥产业调节功能。货币政策体系通过资金形成机制、资金导向机制和资金催化机制促使产业结构高级化；同时金融结构逐步由银行主导型模式向资本主导型模式调整，通过资本市场，实现产业结构不断调整、升级和优化，从而使货币经济和实体经济的资本配置比达到最合理水平，进而实现货币经济与实体经济均衡、快速发展以及货币政策的有效传导。

政策启示与建议 6

货币政策传导系统的功能分形要求中央银行要做好不同层次的货币政策传导和优化工作，从我国的实践看，中央银行制定货币政策是形成货币政策传导机制的起始点，其政策调整主要集中在对基础货币、利率和信贷政策导向等方面。面对中央银行的政策调整，商业银行按照"四自"（自主决策、自主经营、自负盈亏、自担风险）、"三性"（盈利性、安全性、流动性）的经营原则，在国家产业政策的框架下，依据一定的产业准则，对信贷资金的结构、顺序、规模进行安排，对贷款总量、投向引导以及利率浮动幅度做出调整，使有限的金融资源通过金融市场配置到优势产业和高新技术产业，优化其产业内部的资金循环，从整体上提高相关产业的经营绩效，做大产业规模，增强产业的核心竞争力，有效解决产业结构调整中要素的分化组合与所有制、部门壁垒之间的矛盾，并最终对宏观经济产生积极、有效的影响。

政策启示与建议 7

货币政策传导系统的运行（过程）分形要求中央银行要做好货币政策传导机制的设计与安排，实施对货币政策传导系统运行中的良好控制，确保每一项政策都能真正落实到位,真正发挥每一项货币政策的功能。由于我国处于经济体制转型时期,货币政策在传导过程中会受到商业银行运行体制和企业经营机制的影响,这使货币政策传导效应有所削弱,甚至出现阻滞。为此,要进一步完善和疏通货币政策传导机制。主要体现在:一是商业银行应按现代金融企业制度的要求加快改革步伐,逐步完善商业银行运行机制,使中央银行的货币政策信号能够通过商业银行机制有效地运行而逐级顺畅传导;二是要加快企业制度改革,完善经营机制,强化信用观念,使企业和居民对存贷款利率信号的反应更加灵敏有效;三是要完善资本市场、外汇市场和货币市场操作机制,疏通对货币政策传导的影响,进一步提高货币政策的实施效率。

政策启示与建议 8

货币政策弹性分维的实证分析说明我国利率、资产价格等传导渠道作用还没有得到完全发挥,我国的货币政策传导系统的制度结构还存在阻塞因素。为提高利率、资产价格等传导渠道作用,提出以下是建议:一是逐步建立起以中央银行利率为基础、以货币市场利率为中介、由市场供求决定银行和金融机构存贷款利率水平的利率体系,完善利率对货币市场的调节作用,充分发挥利率渠道的传导作用;二是加强资本和货币市场的基础性建设,协调发展资本和货币市场的各个子市场;三是健全资本市场,推进资本市场的制度建设和改革,不断完善上市公司的治理结构,规范和增加对上市公司的信息披露;四是加强货币市场和资本市场的联动机制,完善我国金融市场体系,增强资本市场对货币政策信号的传导性。

8.1.3 货币政策传导系统耗散演化

结论三:本书的理论和实证分析表明,货币政策传导系统是远离平衡态的开放性、非线性的复杂系统,在外部涨落催化下引致系统内部不断熵变,进而使系统产生非平衡跃迁演化。而模拟模型和演化路径的分析说明,通过合理政策组合与搭配货币政策传导系统可以形成使经济平稳、高速发展的耗散结构模式。

第 8 章　结论与展望

政策启示与建议 9

利用耗散结构理论对货币政策传导系统演化机理分析表明货币政策传导系统的制度结构变革以及系统开放性是货币政策传导系统从外部经济、金融环境引入负熵最重要的通道。因而货币当局应通过增大货币政策传导系统的开放性以及系统制度结构变革，向系统的组织机构和管理者施以足够的环境涨落压力，以形成高效率、低管理熵的货币政策传导系统。

政策启示与建议 10

货币当局应积极监测货币政策传导系统运行状态与外部环境变化。通过积极监测系统的运行状态与外部环境变化可以使货币当局及时、准确地了解货币政策传导系统运行状态、传导效率以及外部环境等的变化。当注意到货币政策传导系统出现熵增趋势时，货币当局可及时采取有效措施消除熵增因素、提高系统对外部经济、金融环境变化的适应性。

政策启示与建议 11

经济运行中各种经济、金融风险与不确定性是导致货币政策传导系统熵的增重要因素，货币当局应构建科学的经济、金融风险防范与预警机制，有效减少货币政策传导中的风险和不确定，以降低经济、金融风险和不确定带给系统正熵的增加。

政策启示与建议 12

货币政策传导系统是一个动态的经济系统，随着时间的变化，系统主要变量不断变化，同时系统内负熵是系统中信息共享和信息对称性的增函数。所以银行、金融机构之间应该加强沟通，实现信息共享，增强系统中信息的对称性，以便于金融监管和政策的有效传导。

政策启示与建议 13

货币政策传导系统演化机理分析说明合理的货币政策工具搭配不仅有助于弱化货币政策传导系统内部正熵的积累，而且可以有效减缓系统外部经济、金融环境因素带给系统正熵增加。因而货币政策当局在制定货币政策时，必须根据经济形势和货币政策传导系统过程演化状态来快速调整货币政策传导系统的制度结构，即通过合理搭配货币政策工具，使货币政策传导系统和宏观经济形势向循环优化方向演化。

8.1.4 货币政策传导系统协同演化

结论四：本书的理论和实证分析表明，在货币政策传导系统开放条件下，不断加强系统内外各种政策工具的协同与配合，系统可以通过其协同演化机制产生协同增益效应，有效提高货币政策传导效率，实现宏观经济的平稳、快速发展；中国货币政策传导系统动态演化的序参量是货币通道的代表变量 LM。

政策启示与建议 14

控制参数 a 为负，绝对值较小说明我国的信贷政策与货币通道中政策变量如利率、汇率、资产价格等之间具有协同增效应，但是信贷政策对货币通道中政策变量协同度还较低。而 b 为负说明我国货币通道的政策变量还没有很好配合信贷政策并提高信贷通道的有效性。因此，为了促进经济平稳、快速发展，必须加大金融政策工具的创新，并适当加强金融监管，大力发挥货币通道与信贷通道的协同作用，使之产生更好的政策协同增益效应，可以有效提高货币政策的前瞻性、及时性和灵活性。

政策启示与建议 15

λ_1 为负值，且绝对值较小说明目前中国货币通道的政策工具（利率、汇率等）已经具备使货币政策传导系统向有序演化的正反馈机制，但是这些政策工具能使系统产生有序度还很低。因而必须通过以下措施积极推进货币渠道的成长：第一，深化利率市场化改革。利率传导机制是货币通道的核心，只有实现利率市场化，才能使我国货币通道存在的诸多局限也就消除了。第二，金融市场的发展水平制约着利率传导机制，因而进一步培育和发展金融市场有利于推进利率市场化，进而提高货币通道的效率。基于此，首先，要消除货币市场、信贷市场、中长期债券市场上的缺陷，疏通利率传导机制；其次，要消除股票市场上的缺陷，疏通资产价格、财富效应等通道；最后，要消除外汇市场上的缺陷，疏通汇率通道。第三，根据货币政策工具的功能，利率是对内经济的调节，资产价格是资本市场的调节，而汇率是对外经济的调节。单一的利率、资产价格或汇率机制都不具备对经济的全面调节，只有三者密切配合和协同，运用"利率—资产价格—汇率"联动机制，完全打通货币通道，才能达到经济共同均衡目标。

政策启示与建议 16

λ_2 为负值，说明信贷子系统已建起使系统有序度增强的正反馈机制，信贷通道在中国货币政策传导的作用和地位已经下降，甚至产生了对货币政策传导一定程度的梗阻。这与我国目前以间接金融为主的货币政策传导格局是相吻合的。由于信贷机构体系对货币供给数量和结构有重要影响，并且是货币通道的重要基础设施，为了形成与货币通道有效协同机制，必须完善信贷通道。主要措施有：第一，鼓励商业银行积极开拓信贷市场，培育新的业务增长点，扩大其作用空间；第二，深化商业银行改革，改善道义劝说和窗口指导，进而提高中央银行直接影响商业银行贷款供给的能力；第三，改善中小商业银行信贷市场上竞争地位，增强信贷市场的竞争性。

8.2 研究展望

货币政策传导系统动态演化机制研究是一个典型的金融学和经济学课题，也是系统管理理论的前沿问题。由于本人学识之限制，从复杂性和系统管理这一新的视角来研究货币政策传导系统动态演化机制这样一个深邃而复杂课题，常有难以驾驭之感。因而在研究过程中，尽管本人尽了最大努力，但是成果距离本书的研究原设想理想状态还有相当差距，在今后还需要改进、完善与深化的研究如下：

第一，货币政策传导本质上是通过系统主体组成的复杂网络来传导，因而在进一步研究中可以引入复杂网络理论来研究货币政策传导系统的复杂性及演化问题。

第二,货币政策传导系统是一个由货币当局、各种金融机构、公众等多个系统主体组成复杂适应系统,因而可以利用 Swarm 仿真平台对货币政策传导系统进行动态仿真。根据货币政策传导系统特点,对 Swarm 仿真平台进行扩展和改进,进一步验证对货币政策传导系统复杂性及演化问题理论分析所得出的逻辑结论。

第三,本书中虽然对货币政策传导系统耗散演化及协同演化进行研究,但由于货币政策传导系统本身是一个"黑箱"结构,没有精确系统演化方程,只能对其进行基于唯象方法的模拟研究,因此,关于货币政策传导系统动态演化机理的研究还多是定性分析的描述,缺乏足够精确的定量研究。本书的后续研究就是在现有研究基础上,对货币政策传导系统动态演化机理进行精确的定量研究和模拟分析,力图使本书的研究更具可操作性和实践意义。

第四,尚需要进一步研究将货币政策传导系统复杂性及演化理论和方法应用到货币政策传导的分析和管理实践中去,特别是目前我国货币政策传导中存在诸多梗阻效应,这就需要将货币政策传导系统复杂性及演化理论和方法融入我国货币政策传导系统的监管实践,以期减少货币政策传导中的梗阻效应和有效提高货币政策传导效率。

总之,货币政策传导系统动态演化机制的研究任重而道远,若要进一步深入研究货币政策传导系统动态演化的机制问题,还需要锲而不舍地去探索。

参 考 文 献

[1] Lucas R E. Expectation and the neutrality of money [J]. Journal of Economic Theory, 1972, April: 103 – 124.

[2] Barro R. Unanticipated money, output, and the price level in the United States [J]. Journal of Political Economy, 1978, August: 549 – 580.

[3] Mishkin F. Does anticipated monetary policy matter? An econometric investigation [J]. Journal of Political Economy, 1982, February: 788 – 802.

[4] Mishkin F. Does anticipated aggregate demand policy matter? Further econometric results [J]. American Economic Review, 1982, September: 788 – 802.

[5] Frydman R, Rapoport P. Is the distinction between anticipated and unanticipated money growth relevant in explaining aggregate output? [J] American Economic Review, 1987, September: 693 – 703.

[6] Lucas R E. An equilibrium model of the business cycle [J]. Journal of Political Economy, 1975, December: 1113 – 1114.

[7] 黄先开, 邓述慧. 货币政策中性与非对称性的实证研究 [J]. 管理科学学报, 2000, 3 (2): 34 – 42.

[8] 米什金. 货币银行学 [M]. 北京: 中国人民出版社, 1998.

[9] Sidrauski, M. Rational choice and patterns of growth in a monetary economy [J]. American Economic Review, 1967 (57): 534 – 544.

[10] Clower, R. W. A reconsideration of the microfoundations of monetary theory [J]. Western Economic Journal, 1967 (6): 1 – 6.

[11] Bernanke Ben and Alan Blinder. Credit, Money and Aggregate Demand [J]. American Economic Review, 1988 (78): 435 – 439.

[12] Kydland, Finn E. and Edward C. Prescott. Rules rather than discretion: the inconsistency of optimal plans [J]. Journal of Political Economy, 1977 (85): 473-493.

[13] Barro, Robert J. and David B. Gordon. Rules, discretion and reputation in a model of monetary policy [J]. Journal of Monetary Economics, 1983 (12): 101-121.

[14] Peter N. Ireland. Expectations, credibility and time-consistent monetary policy [J]. Macroeconomic Dynamics, 2000 (4): 448-466.

[15] Bernanke, B. Gertler, M. Monetary policy and asset price volatility [J]. Economic Review, fourth quarter 1999. Federal Reserve Bank of Kansas City, 17-51.

[16] Richard Clarida, Jordi Gali, and Gertler. The Science of Monetary Policy: A New Keynesian Perspective [J]. Journal of Economic Literature, 1999, Vol. XXXVII: 1661-1707.

[17] 亢宽盈. 分形理论的创立、发展及其科学方法论意义 [J]. 科学管理研究, 1998, 16 (6): 53-57.

[18] 李霞, 严广乐. 企业供需网系统演化的耗散结构分析 [J]. 统计与决策, 2009 (22): 33-35.

[19] 王国松. 开放经济下我国货币政策目标的内在冲突性分析 [J]. 当代经济管理, 2009, 31 (10): 77-81.

[20] 汪洋. 再论中国货币政策与汇率政策的冲突 [J]. 国际经济评论, 2005, 1 (2): 39-44.

[21] 熊焰, 赵铁山, 胡军浩. 乘数-加速数模型的稳定性与宏观调控政策 [J]. 系统工程学报, 2005, 20 (3): 296-298.

[22] 孙剑飞, 孙佰清. 动态总需求-总供给模型的无模型控制律设计 [J]. 哈尔滨工业大学学报, 2006, 38 (6): 899-901.

[23] 龚德恩. 经济控制论 [M]. 北京: 高等教育出版社, 2009, 173-182.

[24] 黄国石. 关于宏观经济模型的一个控制策略 [J]. 厦门大学学报, 1998, 37 (1): 19-23.

[25] 储结兵. 货币政策传导机制效率的条件分析 [J] 华南金融研究，2003（2）：1-5.

[26] Mishkin F. S. Symposium on the Monetary Transmission Mechanism [J]. Journal of Economic Perspectives，1995（9）：3-10.

[27] Mishkin F. S. the Economics of Money，Banking and Financial markets（fifth edition）. New York：Addison-Wesley. 1998

[28] Bernanke B，Mark Gertler. inside the Black Box：the Credit Channel and Monetary Policy Transmission [J]. Journal of Economic Perspective. 1995（4）：27-48.27

[29] 范如国，张明山. 制度演化的复杂性特征与我国公司治理的效率分析. 科技进步与对策 [J]. 2006（12）：20-24.

[30] Chen p. Multiperiodicity and irregularity In Growth Cycles：A Continuous Model of Monetary Attractors [J]. Math. Compute. Modeling. 1988，10（9）：647-660.

[31] 范如国，黄本笑：企业制度系统的复杂性：混沌与分形 [J]. 科研管理，2002（4）：22-31.

[32] Day R. The Emergence of Chaos From Classical Economic Growth [J]. The Quarterly Journal of Econ，1983（54）：201-213.

[33] 王文静，马军海. 基于分形理论的我国商业银行管理策略研究 [J] 现代管理科学，2009（3）：113-116.

[34] 杜凯，李均立，卞平平. 原油价格对天然橡胶价格影响的分布滞后模型 [J]. 中国市场，2010（27）：114-117.

[35] 李艳中. 一种新型的行政组织方式探索：分形行政组织 [J]. 理论探讨，2006（1）：129-123.

[36] 范如国，黄本笑. 基于分形理论的社会制度系统构建与管理创新研究 [J]. 软科学，2008，22（8）：34-39.

[37] 李成，周青. 虚拟经济动态演化机理 [J]. 财经科学. 2009（10）：50-58.

[38] 王祥兵，严广乐，何建佳. 货币政策传导系统复杂性研究 [J]. 学术界，2010，146（7）：45-54.

[39] 叶金国, 张世英, 崔援民. 产业系统自组织演化的条件、机制与过程 [J]. 石家庄铁道学院学报, 2003, 12 (2): 91-95.

[40] 张云, 张利兵, 孙力军. 我国货币政策传导机制理论与实践的探讨 [J]. 商业时代, 2009 (9): 64-65.

[41] 魏遥, 雷良海. 产融集团生成的耗散结构分析 [J]. 特区经济, 2009 (2): 269-272.

[42] 张棣, 陈治融. 低浓度三分子模型 [J]. 科学通报, 1982 (27): 1281-1284.

[43] 龚玉斌. 低浓度三分子模型双曲型反应——扩散方程的稳定性、化学振荡和混沌 [J]. 化学物理学报, 1996 (4): 297-302.

[44] 张棣, 陈燕. 低浓度三分子模型的极限环 [J] 纯粹数学与应用数学, 1985 (1): 122-128.

[45] 魏遥. 基于Brusselator模型的产融集团演化机制研究 [J]. 科技进步与对策, 2009, 26 (18): 60-65.

[46] 李琦, 金鸿章, 林德明. 复杂系统的脆性模型及分析方法 [J]. 系统工程, 2005, 23 (1): 8-12.

[47] 伍志文. 中国金融脆弱性分析 [J]. 经济科学, 2002 (3): 5-14.

[48] 南旭光, 罗慧英. 基于突变理论的我国金融脆弱性综合评价 [J]. 济南金融, 2006 (8): 13-17.

[49] 程毛林. 突变模型在综合评价中的应用 [J]. 苏州科技学院学报, 2004, 4 (21): 22-27.

[50] 朱永达, 张涛, 李炳军. 区域产业系统的演化机制和优化控制 [J]. 管理科学学报, 2001, 3 (4): 73-79.

[51] 李毅敏, 郭琦. MF扩展模型指导下的中国宏观政策配合问题 [J]. 商业研究, 2003, 8 (268): 15-19.

[52] 周英章, 蒋振声. 货币渠道、信用渠道与货币政策有效性 [J]. 金融研究, 2002, 9 (267): 34-44.

[53] 蒋瑛琨, 刘艳武, 赵振全. 货币渠道与信贷渠道传导机制有效性的实证分析 [J]. 金融研究, 2005, 5 (299): 70-80.

[54] 高洪. 复杂性研究之经济学哲学进展 [J]. 自然辩证法研究. 2000 (5): 18-23.

[55] 张金水. 经济控制论 [M]. 北京: 清华大学出版社, 1999: 132-152.

[56] 王国松. 通货紧缩下我国货币政策传导的信贷渠道实证分析 [J]. 统计研究, 2004 (5): 6-12.

[57] 孙明华. 我国货币政策传导机制的实证分析 [J] 财经研究, 2004, 3 (30): 19-31.

[58] 白钦先, 李安勇. 试论西方货币政策传导机制理论 [J]. 国际金融研究, 2003 (6): 4-9.

[59] 李斌. 中国货币政策有效性的实证研究 [J]. 金融研究, 2001 (7): 10-17.

[60] 陈飞, 赵昕东, 高铁梅. 我国货币政策工具变量效应的实证分析 [J]. 金融研究, 2002 (10): 25-31.

[61] 谢平. 中国货币政策分析: 1998-2002 [J]. 金融研究, 2004 (8): 1-20.

[62] 李南成. 我国货币供应量的变动与货币政策的运用 [J] 财经科学, 2002 (2): 46-50.

[63] 盛朝晖. 中国货币政策传导渠道效应分析: 1994-2004 [J]. 金融研究, 2006 (7): 22-30.

[64] 刘传哲, 聂学峰. 我国的实证分析货币政策通过房地产投资传递 [J] 统计观察, 2006 (2): 94-97.

[65] 赵进文, 高辉. 中国货币政策行为传导的动态模型检验: 1993~2002 年的实证分析 [J]. 南开经济研究, 2004 (3): 95-103.

[66] 索彦峰, 于波. 转型期货币渠道与信贷渠道有效性的实证研究 [J] 财经论丛, 2006, 6 (127): 42-49.

[67] 周光友, 邱长溶. 货币政策传导机制理论的争论及启示 [J]. 财经科学. 2005 (2): 17-22.

[68] 潘红宇, 邓述慧. 基础货币、贷款和产出——中国货币政策实证分析 [J]. 系统工程理论与实践, 2000 (9): 23-29.

[69] Bernanke B, Blinder A. The federal funds rate and the channels of monetary transmission [J]. American Economic Review, 1992 (4): 901 – 921.

[70] Bernanke B, Michael Woodford. Inflation forecasts and monetary policy [J]. Journal of Money, Credit and Banking, 1997, 29 (4): 653 – 684.

[71] Bruinshoofd A, Candelon B. Nonlinear monetary policy in Europe: fact or myth? [J]. Economics Letters, Elsevier, 2005, 86 (3): 399 – 403.

[72] Monetary policy rules in practice: some international evidence [J]. European Economic Review, 1998 (42): 1033 – 1067.

[73] Clanida R, Gali J, Gentler M. Monetary policy rules and macroeconomic stability: evidence and some theory [J]. The Quarterly Journal of Economics, 2000 (2): 147 – 180.

[74] Cover J P. Asymmetric effects of positive and negative money – supply shocks [J]. Quarterly Journal of Economics, 1992, 11: 1261 – 1282.

[75] Diba B, H Grossman. The theory of rational bubbles in stock prices. Economic Journal, 1988 (98): 746 – 754.

[76] Filardo A J. Business cycles phases and their transitional dynamics [J]. Journal of Business and Economic Statistics, 1994 (12): 299 – 308.

[77] Friedman B M, Schwartz A J. Money and business cycle [J]. Review of Economics and Statistics, 1963 (45): 32 – 64.

[78] Friedman B M, K N Kuttner. Another look at the evidence on money – income Causality [J]. Journal of Econometrics, 1993 (57): 189 – 203.

[79] Garcia R, H Schaller. Are the effects of interest rate changes asymmetric? [J] Economic Inquiry, 2002 (40): 102 – 119.

[80] Hamilton J D. A paramedic approach to flexible nonlinear inference. [J]. Econometrica, 2001, 69 (3): 537 – 573.

[81] Hansen B. The likelihood ratio test under non – standard conditions: testing the Markov trend model of GNP [J]. Journal of Applied Econometrics, 1992 (7): 61 – 82.

[82] Morris C S, Gordon H S. Bank lending and monetary policy: evidence on credit channel [J]. FRBKC Economic Review, 1995 (2): 145 – 168.

[83] Rothman P D, P H Franses. . A multivariate STAR analysis of the relationship between money and output [J]. Macroeconomic Dynamics, 2001 (5): 506 – 532.

[84] Rudebusch, Glenn D. Assessing nominal income rules for monetary-policy with model and data uncertainty [J]. Economic Journal. 2002 (112): 1 – 31.

[85] Schneider F W. Periodic Perturbations of Chemical Oscillators: Experiments [J]. Ann RevPhys Chem. 1985 (36): 347 – 378.

[86] Helbing D. Derivation and empirical validation of refined traffic flow mode [J]. Physica, 1996, 11 (2): 253 – 282.

[87] Hyeon – Hyo A. Speculation in the financial system as a dissipative structure [J]. Seoul Journal of Economics, fall 2001, 10 (3): 172 – 183.

[88] MacIntosh R, Maclean D. Conditioned emergence: A dissipative structure approach to transformation [J]. Strategic Management Journal, 1999, 15 (4): 297 – 312.

[89] Haken H. Information and Self – organization: a Macroscopic Approach to Complex System [J]. Springer – Verlag, 1988 (11): 150 – 173.

[90] Alexander R J. Inflation and economic growth: evidence from a growth equation [J]. Applied Economics, 1997 (29): 184 – 198.

[91] Balke N S, Fomby T B. Threshold cointegration [J]. International Economic Review, 1997 (38): 627 – 645.

[92] Ball L, Mankiw N G. Asymmetric price adjustment and economic fluctuations [J]. Economic Journal, 1994 (104): 247 – 261.

[93] R. F. Mulligan, G. A. Lombardo. Maritime businesses: Volatile prices and market valuation inefficiencies [J]. Quarterly Review of Economics and Finance. 2004, 44 (2): 321 – 336.

[94] J. T. Barkoulas, N. Travlos. Chaos in an emerging capital market? The case of the Athens stock exchange [J] Applied Financial Economics. 1998 (8): 231 – 243.

[95] M. Corazza, A. G. Malliaris, C. Nardelli. Searching for fractal struc-

ture in agricultural futures markets [J] Journal of Futures Markets. 1997, 71 (4): 433 – 473.

[96] H. Fang, K. S. Lai and M. Lai, Fractal structure in currency futures prices [J]. Journal of Futures Markets. 1994 (14): 169 – 181.

[97] R. F. Mulligan. Fractal analysis of highly volatile markets: An application to technology equities [J]. Quarterly Review of Economics and Finance. 2004, 44 (1): 155 – 179.

[98] R F Mulligan, D Banerjee. Stochastic dependence in Indian capital markets: A fractal analysis of the CNX Information Technology Index [J]. Indian Journal of Finance. 2008, 2 (4): 3 – 15.

[99] D. Banerjee and R. F. Mulligan, A fractal analysis of market efficiency for Indian technology equities [J] Indian Journal of Finance. 2010, 4 (7): 3 – 943.

[100] Blanchard, Olivier. Bubbles, liquidity traps and monetary policy: Comment on jinushietal and on Bernanke [J]. working paper, Department of Economics, MIT, 2000.

[101] Gordon H. Sellon, Jr. Expectations and the monetary policy transmission mechanism [J]. Economic Review, 2004 (1): 5 – 41.

[102] Jean Tirole. Asset bubbles and overlapping generations [J]. Econometrica, 1985 (53): 1071 – 1100.

[103] Merton, Robert. A functional perspective of financial intermediation [J]. Financial Management, 1995 (24): 23 – 41.

[104] Pearce, D. K. and Roley, V. V. The Reaction of Stock Prices to Unanticipated Changes in Money: A Note [J]. Journal of Finance, 1983, VOL. XXXVIII. NO. 4: 1323 – 1333.

[105] Schwert, G W. The Adjustment of Stock Prices to Inflation [J]. Journal of Finance, 1981 (36): 15 – 29.

[106] Sharon Kozicki and P. A. Tinsley. Term structure transmission of monetary policy [J]. North American Journal of Economics and Finance, 2008 (19): 71 – 92.

[107] Stutzer, Michael. Chaotic Dynamics and Bifurcation in a Macro Model [J]. Journal of Economic Dynamics and Control, 1980 (2): 353 – 376.

[108] R. Mulligan, Roger Koppl. Monetary policy regimes in macroeconomic data: An application of fractal analysis [J]. The Quarterly Review of Economics and Finance. 2011, 51 (2): 201 – 211.

[109] Mandelbrot B B. New methods in statistical economics [J]. Journal of political economy, 1963 (71): 421 – 440.

[110] Mandelbrot B B. The variation of certain speculative prices [J]. Journal of business, 1963 (36): 394 – 419.

[111] Mandelbrot B. B., Van Ness J. W, Fractional Brownian Motion, Fractional noise and application, SLAM Rev, 1968 (10): 422437.

[112] Mandelbrot B B. Forecasts of futures prices and unbiased markets [J]. Journal of business of the university of Chicago, 1969 (39): 1102 – 1117.

[113] May R. M., Simple mathematical models with very complicated dynamics [J]. Nature, 1976 (261): 459 – 467.

[114] Mandelbrot B B, Taqqu M S. Robust R/S analysis of long – run serial correlation [J]. Bulletin of the international statistical institute, 1979 (48): 69 – 99.

[115] Packard N H, Grutchfield J P, Farmer, J D etc. Geometry from a Time Series [J]. Physical Review Letters, 1980 (45): 712 – 716.

[116] Grassberger P, Procaccia L. Estimation of the kolmogorov entropy from a chaotic signal [J]. Physica Rev, 1983, 28A (4): 2591 – 2593.

[117] Grassberger P, Procaccia I. Measuring the strangeness or strange attractors [J]. Physica D, 1983, 9 (1 – 2): 189 – 208.

[118] Wolf A, Swift J B, Swinney H L et al. Determing Lyapunov exponents from a time series [J]. Physica D, 1985 (16): 285 – 317.

[119] Higuchi T. Approach to an irregular time series on the basis of the fractal theory [J]. Physica D, 1988 (31): 277 – 283.

[120] Hesieh D. Testing for nonlinear dependence in daily foreign exchange rates [J]. Journal of business, 1989, 62 (3): 339 – 359.

[121] Scheinkman L A, LeBaron B. Nonlinear dynamics and stock returns [J]. Journal of Bussiness, 1989, 162 (2): 311 – 337.

[122] Andreadis L, Serletis A. Evidence of a random multifractal turbulent structure in the Dow Jones industrial average [J]. Chaos, solitons and fractals, 2002, 13 (6): 1309 – 1315.

[123] Hurst H E. Long term storage capacity of reservoirs [J]. Transactions of the American society of civil engineers, 1951 (116): 770 – 808.

[124] Barro R J, Rush M. Unanticipated money and economic activity [J]. American Economic Review, 1980, 67 (1): 101 – 115.

[125] 张志峰, 人彬, 刘美玲. 基于耗散结构的企业系统熵变模 [J]. 工业工程与管理, 2007 (1): 15 – 19.

[126] 张铁男, 程宝元, 张亚娟. 基于耗散结构的企业管理熵 Brusselator 模型 [J]. 管理工程学报, 2010 (3): 103 – 109.

[127] 吕荣杰, 刘卓见, 杨晓琛. 基于耗散结构的公司内部治理机制演化研究 [J]. 商业研究, 2006 (12): 17 – 21.

[128] 武春友, 刘岩, 王恩旭. 基于哈肯模型的城市再生资源系统演化机制研究 [J]. 中国软科学, 2009 (11): 171 – 178.

[129] 李双艳, 陈治亚, 张得志. 物流节点系统演化机理研究 [J]. 铁道科学与工程学报, 2008, 5 (1): 80 – 86.

[130] 王振山, 王志强. 我国货币政策传导途径的实证研究 [J]. 财经问题究, 2000 (12): 60 – 64.

[131] 戴根有. 中国货币政策传导机制研究 [M]. 北京: 经济科学出版社, 2001.

[132] 楚尔鸣. 中国货币政策传导系统有效性的实证研究 [M]. 北京: 经济科学出版社, 2000.

[133] 陆前进, 卢庆杰. 中国货币政策传导机制研究 [M]. 上海: 立信会计出版社, 2006.

[134] 王浣尘. 持续混沌的判据 [J]. 系统工程理论方法应用, 1994, 11 (3): 6 – 10.

[135] 戴汝为. 组织管理的途径与复杂性探讨 [J]. 科学, 1998

(6): 30-35.

[136] 于法稳, 于法家. 混沌理论与非线性经济系统 [J]. 西南师范大学学报, 1998, 23 (1): 45-50.

[137] 黄小原. 动态经济系统中的混沌 [J]. 系统工程, 1990, 8 (1): 49-54.

[138] 朱新坚, 邵惠鹤, 张钟俊. 略论浑沌理论与非线性经济学 [J]. 系统工程理论方法与应用, 1994, 3 (3): 1-5.

[139] 葛新权. 混沌理论及其在我国经济学中应用的评价 [J]. 数量经济技术经究, 1992 (12): 70-75.

[140] 高潮. 经济系统的混沌性 [J]. 中南财经大学学报, 1993 (4): 29-32.

[141] 黄登仕, 李后强. 非线性经济学的孕育和发展 [J]. 科学, 1992, 44 (4): 37-39.

[142] 刘华杰. 经济系统中的非线性与混沌 [J]. 科学, 1993, 45 (2): 26-29.

[143] 刘华杰, 王军. 经济系统中的非线性与混沌及其应用 [J]. 数量经济技术经济研究, 1993 (2): 61-66.

[144] 刘文财, 刘豹, 张维. 中国股票市场混沌动力学预测模型 [J]. 系统工程理论方法应用, 2002, 11 (1): 12-14.

[145] 胡雪明, 宋学锋. 深沪股票市场的多重分形分析 [J]. 数量经济技术经济研究, 2003 (8): 124-128.

[146] 李方文. 金融时间序列动态系统的混沌辨识 [J]. 成都大学学报 (自然科学版), 2004, 23 (1): 29-33.

[147] 卢方元. 中国股市收益率的多重分形分析 [J]. 系统工程理论与实践, 2004 (6): 50-55.

[148] 杨凌, 颜口初. 中国证券市场的混沌性检验 [J]. 中南财经政法大学学报, 2003 (141): 21-25.

[149] 韩文秀, 郁俊丽, 王其文. 我国资本市场混沌特性研究 [J]. 系统工程理论与实践, 2002 (10): 43-48.

[150] 曹宏铎, 李昊. 经济系统分形机制与股票市场 R/S 分析 [J].

系统工程理论与实践, 2003 (3): 9-14.

[151] Peters Edgar E. Chaos and order in the capital markets [M]. New York: John Wiley & Sons press, 1991.

[152] Philipatos G C. Chaotic behavior in stock price of European stock market: a comparative analysis of major economic regions [R]. Working paper, University of Tennesses, 1993.

[153] Peters Edgar E. Fractal market analysis: applying chaos theory to investment and Economics [M], New York: John Wiley & Sons press, 1994.

[154] Schmitt F, Schertzer D, Lovejoy S. Multifractal fluctuations in finance [J]. Int. J. Theor. Appl. Fin., 2000, 3 (3): 361-364.

[155] Corazza M, Malliaris A G. Searching for fractal structure in agricultural futures markets [J], The journal of futures markets, 1997 (4): 433-473.

[156] Warnecke H J. The Fractal Company: A Revolution in Corporate Culture [M]. Heidelberg, New York: Springer-Verlag, 1993.

[157] Kwangyeol Ryu, Young-Jun Son, Mooyoung Jung. Framework for fractal-based Supply chain management of e-Biz companies [J]. Production Planning & Control, 2003, 14 (8): 720-733.

[158] Kodres L E, Papell D H, Nonlinear dynamics in foreign exchange futures market [R], Working paper, Universtiy of Michigan, 1991.

[159] 史永东. 上海证券市场的分形结构 [J]. 预测, 2000, 19 (5): 78-80.

[160] 何建敏, 常松. 中国股票市场多重分形游走及其预测 [J]. 中国管理科学, 2002, 10 (3): 11-17.

[161] 李喜梅. 分形理论及我国农村金融体系分形特征探析 [J]. 农业经济, 2006 (11): 56-57.

[162] 倪沈冰, 陈俊芳, 张莉娜. 分形理论在供应链管理中的应用 [J]. 华中科技大学学报 (自然科学版), 2003, 31 (11): 113-117.

[163] 于艳飞, 王效俐, 刘红. 基于分形理论的供应链管理模型分析 [J]. 工业工程, 2007, 10 (2): 38-43.

[164] 方耀楣, 夏晓鹏. 独立学院的体制与模式: 分形论的观点 [J]. 教育发展研究, 2004 (3): 54-56.

[165] 王成恩. 分形公司概念及理论 [J]. 信息与控制, 1998, 27 (4): 249-254.

[166] 范小军, 陈宏民. 分形供应链的自组织模型研究 [J]. 中国管理科学, 2008, 16 (6): 61-67

[167] 孔善右. 分形供应链的自组织动力学模型研究 [J]. 南京航空航天大学学报 (社会科学版), 2008, 10 (4): 27-33.

[168] 杨军, 刘丽文. 分形理论与企业生产系统组织构造 [J]. 管理工程学报, 1998, 12 (2): 13-19.

[169] 顾昌耀, 邱菀华. 复熵及其应用 [J]. 航空学报, 1991, 12 (9): 512-518.

[170] 邱菀华. 群组决策系统的熵模型 [J]. 控制与决策, 1995, 10 (1): 50-54.

[171] 刘刚. 知识网络的超循环结构及协同演化 [J]. 科技进步与对策, 2007, 24 (8): 145-148.

[172] 阎植林, 邱菀华, 陈志强. 管理系统有序度评价的熵模型 [J]. 系统工程理论与实践, 1997, 17 (6): 45-48.

[173] 吕坚, 孙林岩, 朱云杰等. 组织结构有序度的结构熵评价研究 [J]. 预测, 2003, 22 (4): 72-74.

[174] 吴玲. 管理系统中的熵理论及利益相关者框架下企业综合绩效的熵值评估法 [J]. 软科学, 2004, 18 (1): 36-43.

[175] 李南, 田颖杰, 朱陈平. 基于小世界网络的重复囚徒困境博弈 [J]. 管理工程学报, 2005, 19 (2): 140-142.

[176] 江可申, 田颖杰. 动态企业联盟的小世界网络模型 [J]. 世界经济研究, 2002, 20 (5): 84-89.

[177] 杨波, 陈忠, 段文奇. 基于个体选择的小世界网络结构演化 [J]. 系统工程, 2004, 22 (12): 1-5.

[178] 徐龙炳, 陆蓉. R/S 分析探索中国股票市场的非线性 [J]. 预测, 1999 (2): 59-62.

[179] 敖世友, 马玉. 基于管理熵模型的外部因素评价矩阵重构 [J]. 四川大学学报 (哲学社会科学版), 2005 (3): 29–34.

[180] 任佩瑜, 张莉, 宋勇. 基于复杂性科学的管理熵、管理耗散结构理论及其在企业组织与决策中的作用 [J]. 管理世界, 2001 (6): 142–148.

[181] 傅琳. 混沌经济学与新古典经济学的比较研究 [J]. 经济学动态, 1994 (4): 45–49.

[182] 畅建霞, 黄强. 基于耗散结构理论和灰色关联熵的水资源系统演化方向判别模型研 [J]. 水利学报, 2002 (11).

[183] 李志强, 赵建凤. 制度熵: 概念的提出及其应用 [J]. 山西大学学报, 2007, 30 (4): 7–10.

[184] 钟育三. 人力资源管理的系统观基于管理熵、管理耗散结构角度的分析 [J]. 系统辩证学学报, 2005, 13 (1): 66–77.

[185] 张宁. 熵概念研究 [J]. 北京联合大学学报 (自然科学版), 2007, 21 (1): 1–3.

[186] 周柏翔, 丁永波, 凌丹. 区域创新系统综合评价研究 [J]. 现代管理学, 2006, (7): 75–78.

[187] 方先明, 唐德善. 银行系统的非线性分析 [J]. 商业研究, 2004 (17): 31–34.

[188] Watts D J, Strogatz S H. Collective dynamics of "small-world" networks [J]. Nature, 1998 (393): 440–442.

[189] Q A Wang. Maximum Entropy Change and Least Action Principle for Nonequilibrium Systems [J]. Astrophysics and Space Science, 2006, 305 (3): 273–281.

[190] Robert H Swendsen. Response to Nagles Criticism of My Proposed Definition of the Entropy [J]. Journal of Statistical Physics, 2004, 117 (5–6): 1063–1070.

[191] Albert Lotz. Simple Statistical Calculations of Entropy Changes [J]. The Chemical Educator, 1999 (4): 211–213.

[192] Prigogine. Time, Structure and Fluctuation [J]. Science, 1978, 14 (5): 438–452.

[193] Glansdorff P, Prigogine I, Thermodynamics theory of Structure, Statility and Fluctuation [M]. New York: The Free Press, 1971.

[194] Prigogine I, Defay R. Thermodynamique Critique [J]. Desoerliege, 1951, 12 (3): 201-211.

[195] 郭莉, 苏敬勤, 徐大伟. 基于哈肯模型的产业生态系统演化机制研究 [J]. 中国软科学, 2005 (11): 156-161.

[196] 曹一家, 丁理杰, 江全元等. 基于协同学原理的电力系统大停电预测模型 [J]. 2000, 25 (18): 13-20.

[197] 罗嘉, 李连友. 基于协同学的金融监管协同度研究 [J]. 财贸经济, 2009 (3): 15-23.

[198] 张世晓, 王国华. 区域创新集聚与金融结构协同演化机制实证研究 [J]. 社会科学季刊, 2009, 148 (5): 97-101.

[199] 刘兵, 李嫄, 许刚. 开发区人才聚集与区域经济发展协同机制研究 [J]. 中国软科学, 2010 (12): 89-97.

[200] 徐向纮, 顾新建, 陈子辰. 基于网络制造的仿生自组织协同进化 [J]. 系统工程理论与实践, 2002 (2): 42-48.

[201] 李振华, 赵黎明. 企业之间协同竞争的复杂作用机制研究 [J]. 西北农林科技大学学报, 2007, 7 (3): 49-53.

[202] 毛凯军, 田敏, 徐庆瑞. 基于复杂系统理论的企业集群进化动力研究 [J]. 科研管理, 2004, 25 (4): 110-115.

[203] 刘友金, 杨继平. 集群中企业协同竞争创新行为博弈分析 [J]. 系统工程, 2002, 20 (6): 22-26.

[204] 毛荐其, 刘娜. 基于技术生态的技术协同演化机制研究 [J]. 然辩证法研究, 2010, 26 (11): 26-31.

[205] 徐砥中, 任佩瑜. 基于涌现理论的复杂公共决策系统的协同优化研究 [J]. 社会科学研究. 2010 (5): 47-50.

[206] 庞永, 赵艳萍. 基于序参量的企业协同趋向分析 [J]. 中国管理信息化, 2007, 10 (11): 49-52.

[207] 鲍丹. 金融创新的协同机制及实现过程 [J]. 财经问题研究, 2008 (1): 57-61.

[208] 陆萍,曾卫明高校创新团队管理的协同机制研究 [J]. 黑龙江教育学院学报,2010,29(8):47-51.

[209] 成思危. 复杂科学与管理 [J]. 南昌大学学报:人文社科版,2000(3):1-6.

[210] 严广乐,王浣尘. 边界沉思 [J]. 管理科学学报,2000,3(1):79-86.

[211] 井然哲. 基于自组织协同论的企业集群系统发展机理研究 [J]. 管理工程学报,2007,21(2):52-54.

[212] 湛垦华,沈小峰等. 普利高津与耗散结构理论 [M]. 西安:陕西科学技术出版社,1998.

[213] 陈平. 文明分岔、经济混沌和演化经济动力学 [M]. 北京:北京大学出版社,2004.

[214] 盛昭瀚,蒋德鹏. 演化经济学 [M]. 上海:上海三联书店,2002:314-326.

[215] 贺建勋. 系统建模与数学模型 [M]. 福州:福建科学技术出版社,1995.

[216] 黄登仕. 非线性经济学中混混沌和分形 [J]. 大自然探索,1991(10):61-69.

[217] 严广乐. 环带边界感知反应系统理论与应用 [D]. 上海交通大学,2000.

[218] 王祥兵,严广乐,陈华. 纯增益反馈控制律在MF模型中的应用研究 [J]. 经济数学,2011,28(1):61-67.

[219] 王祥兵,严广乐. 科学决策中的逻辑机制 [J]. 山东社会科学,2008(6):154-158.

[220] 王祥兵. 连续时间的IS-LM模型稳定性及其仿真 [J]. 管理评论,2018,30(1):67-77.

[221] 王祥兵. 蒙代尔—弗莱明模型可控性与仿真 [J]. 系统管理学报,2018,27(4):651-661.

[222] 王祥兵. 连续时间的蒙代尔—弗莱明模型可控性及其仿真 [J]. 信息与控制,2017,46(1):25-32.

[223] 王祥兵. 金融监管信号传递与金融市场有效运行 [J]. 财经理论与实践, 2015, 36 (9): 2-9.

[224] 王祥兵, 张学立. 货币政策传导系统协同演化机制研究 [J]. 管理评论, 2014, 26 (11): 55-65.

[225] 王祥兵, 严广乐. 货币政策传导系统分形特征研究 [J]. 管理评论, 2013, 25 (4): 59-68.

[226] 王祥兵, 严广乐. 区域创新系统动态演化的博弈机制研究 [J]. 科研管理, 2012, 33 (11): 1-8.

[227] 王祥兵, 严广乐. 货币政策传导系统稳定性、脆性及熵关系——基于耗散结构和突变的理论及实证分析 [J]. 系统工程, 2012, 30 (4): 10-17.

[228] 王祥兵, 张学立. 货币政策传导系统混沌特征研究 [J]. 河南大学学报, 2015, 55 (1): 1-9.

[229] 王祥兵, 严广乐. 中国通货膨胀的波动性与杠杆效应研究——基于条件异方差模型的实证分析 [J]. 财经理论与实践, 2012, 33 (2): 8-13.

[230] 王祥兵, 严广乐. 基于C-D函数的多任务委托—代理模型的激励机制研究 [J]. 经济经纬, 2011 (6): 1-5.

[231] 王祥兵, 严广乐. 基于动态通胀率的最优货币增长率问题研究 [J]. 上海理工大学学, 2013 (1): 45-50.

[232] Cristina Quintana-Garcia, Carlos A. Bena-Vides-Velasco. Co-operation, competition, and innovative capability: a panel data of European dedicated biotechnology firms [J]. Technovation, 2004 (24): 927-938.

[233] K. Weick, R. Quinn. Organizational Change and Development [J]. American Review of Psychology, 1999 (50): 361-386.

[234] W. P. Barnett, R. A. Burgelman. Evolutionary Perspectives on Strategy [J]. Strategic Management Journal, 1996 (17): 5-19.

[235] Guangle Yan, Huanchen Wang. Modeling and Analysis of Regional Boundary System [J]. Journal of Systems Science and Complexity, 2001, 14 (2): 132-138.

[236] B. B. Mandelbrot. The Fractal Geometry of Nature [M], Freeman, San Francisco, 1982.

[237] H. Haken. Information and self-organization: A macroscopic approach to complex systems [M]. Berlin & New York: Springer-Verlag, 1988.

[238] G. Nicolis, I. Prigogine. Self-organization in Nonequilibrium System [M]. John Wiley & Sons. 1997.

[239] Paul Krugman. The Self-organizing Economy [M]. Blackwell Publishers Inc, 1996.

[240] Christian Fuchs. Structuration Theory and Self-Organization [J]. Systemic Practice and Action Research, 2003, 16 (2): 133-166.

[241] Bartholomew D J. Stochastic Models for Social Process [M]. 3rd edition, Wiley, New York, 1982.

[242] Weibull J W. Evolutionary Game Theory [M]. Boston: MIT Press, 1998: 32-48.

[243] H J Warnecke. Fractal Factory [M]. SpringVerlag, 1992.

[244] Christian Fuchs. The Self-Organization of Social Movements [J]. Systemic Practice and Action Research, 2006.

[245] Friedman D. Evolutionary Game in economics [J], Econometrica, 1991 (59): 637-666.

[246] Stiglitz, Joseph E. Economic organization, information and development [J]. Handbook of Development economics, 1988 (1): 93-160.

[247] J. G. March. Rationality, Foolishness, and Adaptive Intelligence [J]. Strategic Management Journal, 2006 (27): 201-217.